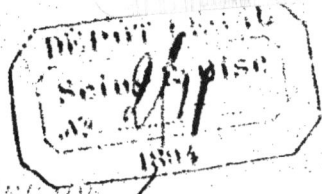

G. SEIZINGHEN & J. TERRIER

LES OFFICIERS

DE

L'ESCADRE RUSSE

A

VERSAILLES

—

Illustrations de Ferdinand PRODHOMME

VERSAILLES
IMPRIMERIE AUBERT
6, avenue de Sceaux
—
1894

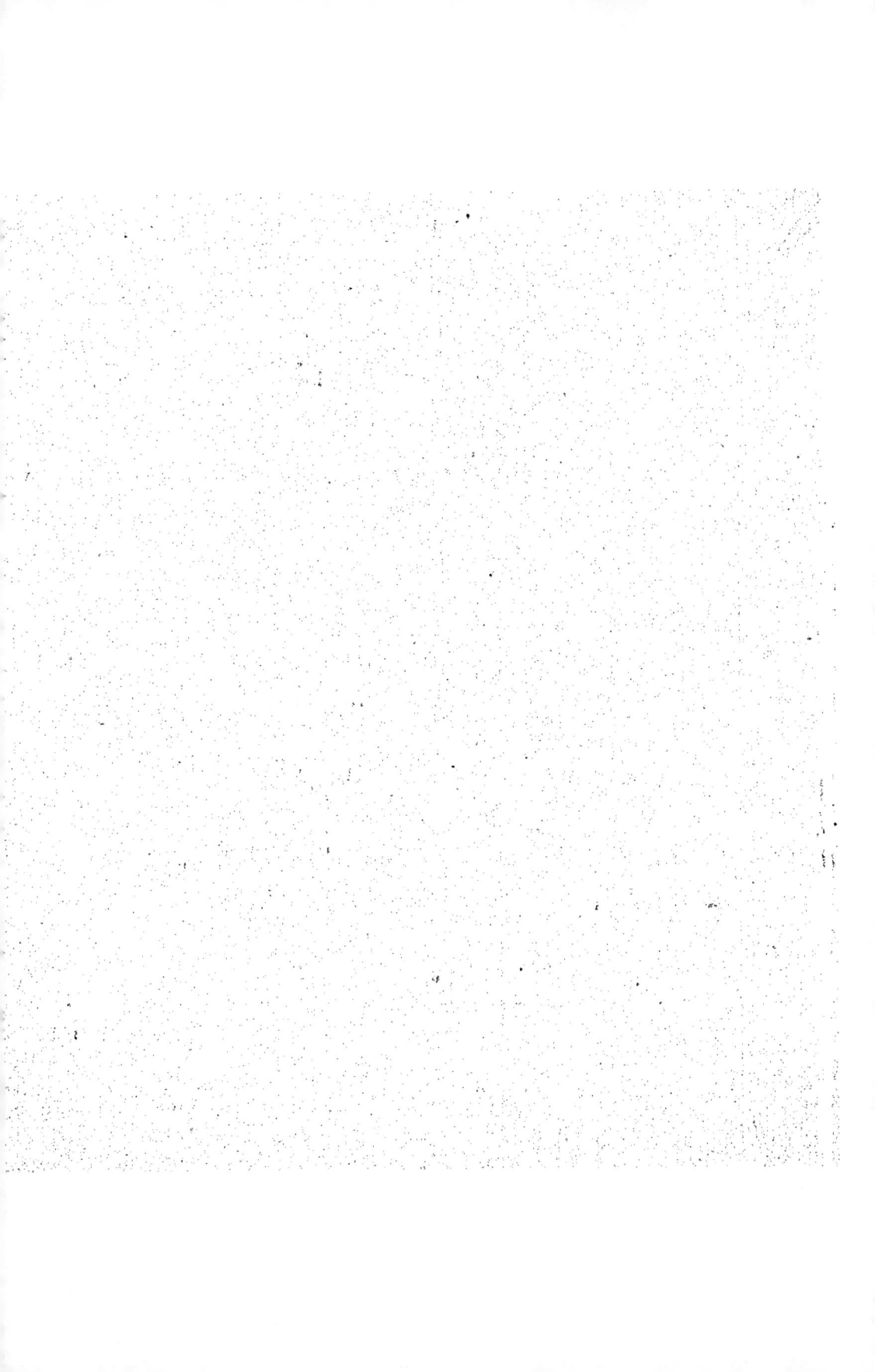

LES OFFICIERS

DE

L'ESCADRE RUSSE

A VERSAILLES

Il a été tiré de cet ouvrage 15 exemplaires numérotés sur papier Japon.

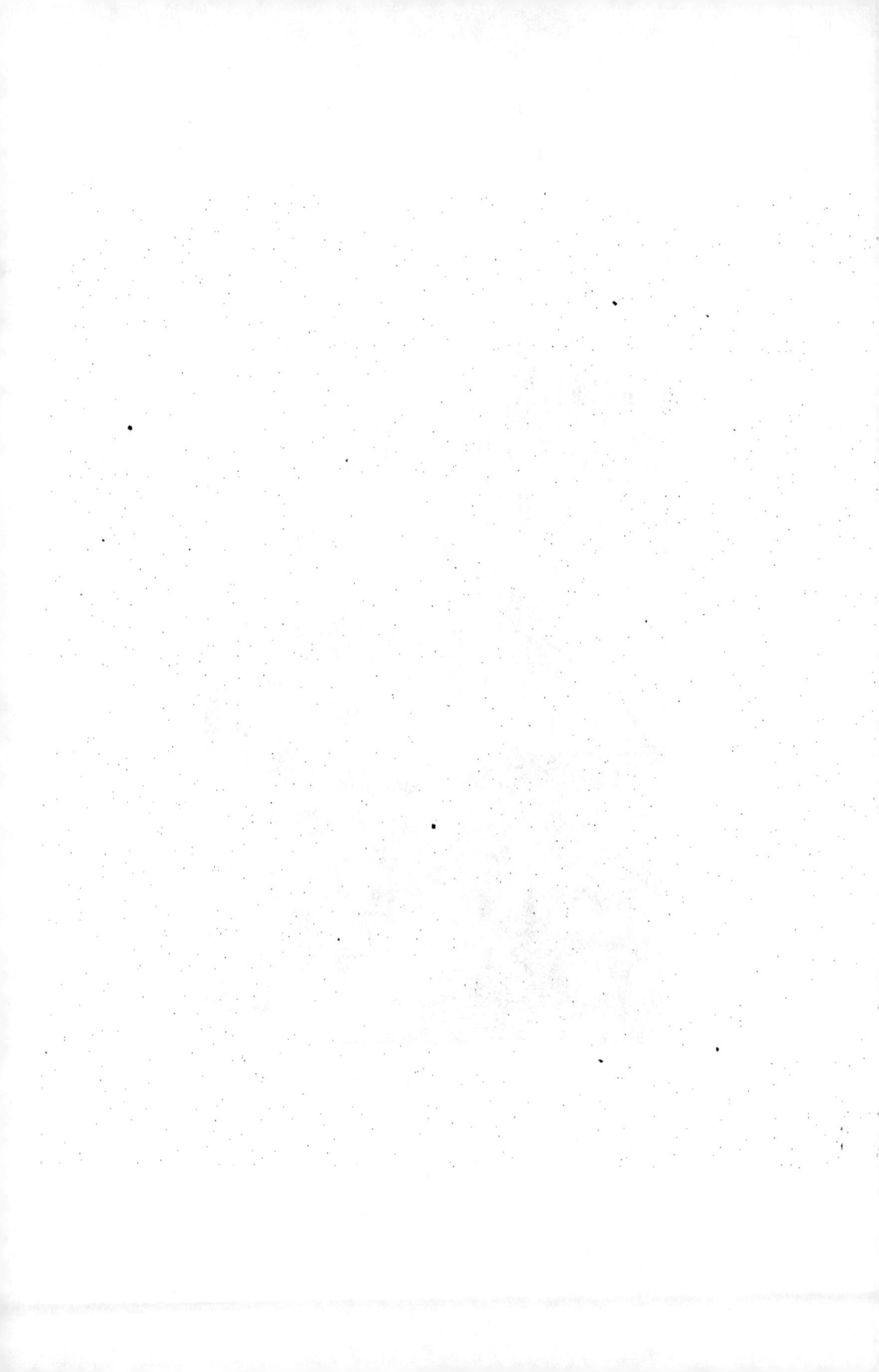

G. MAZINGHIEN & A. TERRADE

LES OFFICIERS

DE

L'ESCADRE RUSSE

A

VERSAILLES

Illustrations de Ferdinand PRODHOMME

VERSAILLES

IMPRIMERIE AUBERT

6, avenue de Sceaux

1894

A

Madame Édouard Lefèbvre

Respectueusement

G. M. — A. T.

J

UNE PAGE D'HISTOIRE

Les quelques heures de rêve, de vision, d'enthousiasme que Versailles a connues le 24 octobre 1893
sont déjà loin de nous et les Officiers de l'Escadre
russe que nous avons reçus et fêtés voguent depuis
plusieurs mois sur les océans.

Il importe maintenant de consigner jusqu'aux
moindres détails de ce grand événement qui a marqué pour notre cité une date inoubliable. C'est d'ailleurs une tradition locale que ces mémoires écrits

au jour le jour, ces dépositions de témoins oculaires
au greffe de l'histoire.

Dans la préface qu'il voulut bien écrire pour *Versailles en 1789*, notre éminent et regretté concitoyen,
M. Edouard Charton, s'exprimait ainsi à ce sujet :

« On dira peut-être que c'est là l'histoire vue par
« le petit côté : mais c'est précisément ce qui fait
« l'intérêt et le charme de ce livre. On le lit comme
« on lirait un journal de l'époque. Les détails abon-
« dent.

. . . .

« On a l'aspect de la ville, la physionomie des
« rues, les émotions des habitants. C'est l'histoire au
« jour le jour, telle que la font sous nos yeux les
« chroniqueurs ou les rédacteurs de « Premier
« Paris ».

Et plus loin.

« Chacun apporte sa pierre à l'édifice ; ce sont au-
« tant de matériaux précieux pour l'histoire locale,
« et souvent intéressants pour l'histoire nationale. »

Fort d'une approbation si haute nous continuons
la tradition. Et comme en 1889 MM. Gatin et Dubief
les *Fêtes du Centenaire*, nous publions, sous les aus-
pices de la Municipalité et du Conseil municipal républicains, les *Officiers de l'Escadre russe à Versailles*.

Si nous avions une dédicace à mettre en tête de ces pages, ce serait : « A nos arrière-neveux ».

Des livres de ce genre sont en effet écrits en vue de l'avenir. Peut-être quelques-uns de ceux qui ont vu se dérouler les événements les parcourent-ils avec plaisir, heureux d'évoquer d'agréables souvenirs, mais c'est surtout après un certain nombre d'années qu'on les recherche et qu'on les apprécie, quand la mort inévitable a fauché tous les spectateurs, tous les contemporains du fait mémorable et que les jeunes générations arrivent, avides de savoir, curieuses de détails, jalouses d'exhumer les moindres vestiges et de pénétrer jusqu'au cœur même du passé, c'est-à-dire jusqu'à la philosophie de l'histoire.

Par un rare privilège, cette philosophie de l'histoire nous la retrouvons précisément dans la visite des Officiers de l'Escadre russe tant à Paris qu'à Versailles où ils n'ont fait, en quelque sorte, que continuer la promenade de Pierre Ier, Czar de Moscovie, avec cette différence que le monarque d'alors arrivait par Calais, tandis que les représentants du Czar actuel débarquaient à Toulon.

Mais en géographie comme en philosophie on peut dire parfois que les extrêmes se touchent.

Ce qui frappe principalement dans ces deux visites des Russes à presque cent quatre-vingts ans de distance, c'est la différence dans les réceptions, dans les honneurs rendus.

On ne peut véritablement pas donner le nom de grandes fêtes aux réjouissances dont Paris fut le théâtre pendant le séjour de Pierre Ier dans notre capitale ; il suffit de lire Saint-Simon pour s'en convaincre. En ce qui touche Versailles, si les historiens n'avaient pas été là, il y aurait bien longtemps que le souvenir en serait effacé.

Au reste le Czar, par goût, n'aimait pas le faste, il l'évitait soigneusement, on pourrait dire même qu'il ne le comprenait pas.

L'anecdote suivante, rapportée par le marquis d'Argenson, en est une preuve indubitable :

« Le marquis de Nesle avoit brigué la mission
« d'aller au-devant du czar Pierre et de lui faire
« les honneurs de la France, lors du voyage de ce
« prince au commencement de ce règne. On sait
« que le marquis se piqua d'une extrême magnifi-
« cence. Il avait si bien pris ses mesures qu'il chan-
« geait d'habit tous les jours. Toute l'attention que
« cette recherche lui attira du Czar fut que ce prince
« dit à quelqu'un : *En vérité, je plains M. de Nesle*
« *d'avoir un si mauvais tailleur, qu'il ne puisse trou-*
« *ver un habit fait à sa guise.* »

Cependant, si courtes que furent les visites de Pierre le Grand à Versailles et à Saint-Cyr, elles doivent être relatées ici, elles doivent l'être d'autant plus qu'elles ont été décrites de merveilleuse façon par M. Taplanel, notre savant bibliothécaire, dans l'*Echo de Versailles* du 22 octobre 1893.

L'article est intitulé :

Pierre le Grand à Versailles et à Saint-Cyr.

Dès son premier voyage en Europe, c'est-à-dire dès 1698, Pierre le Grand avait eu l'intention de venir à Paris.

Nous étions alors au lendemain de la paix de Ryswick ; nos finances étaient épuisées ; le séjour du Czar à la Cour eût entraîné une grosse dépense; le Roi, dit Saint-Simon, averti de son projet, « l'en fit honnêtement détourner ».

Rappelé un peu plus tard dans ses Etats par la révolte des strélitz, engagé ensuite dans sa longue guerre contre Charles XII, Pierre 1ᵉʳ ne put venir en France qu'en 1717, deux ans après la mort de Louis XIV.

Il fut reçu, comme il devait l'être, avec une extrême déférence, mais sans beaucoup d'empressement. La froideur de cet accueil qu'atténuait d'ailleurs la bonne grâce naturelle du Régent ne parut pas le toucher beaucoup. Lui-même, en mainte circonstance, ne se gêna pas pour laisser voir le peu d'intérêt qu'il prenait aux hommes et aux choses du régime nouveau. Les dîners, les fêtes de la Cour, l'Opéra où on le conduisit en grande pompe, l'ennuyèrent visiblement. Il n'eut de curiosité véritable que pour celles de nos institutions qui lui rappelaient par ses beaux côtés le règne précédent.

Il visita avec soin les Gobelins, l'Observatoire, la Bibliothèque, le Jardin des Plantes, voulant tout voir en détail, questionnant beaucoup et vivement, complétant lui-même parfois les explications qu'on lui donnait.

Il s'arrêta longtemps au Louvre, dans la galerie des Plans, en compagnie des maréchaux d'Asfeld et de Villars.

L'hôtel des Invalides, où il croyait reconnaître mieux qu'ailleurs l'empreinte personnelle du grand roi, excita particulièrement son admiration. Il y passa une journée entière; se fit montrer l'église, les logements, l'apothicairerie, les cuisines; il entra au réfectoire pendant le dîner, goûta la soupe et but à la santé des pensionnaires en leur frappant sur l'épaule et en les appelant *camarades*. Ce fut même la seule occasion où il prit directement la parole en français. Partout ailleurs, bien qu'il entendît et parlât suffisamment notre langue, il se servit d'un interprète. En se retirant, il félicita le gouverneur de l'ordre merveilleux qui régnait dans toutes les parties de l'hôtel.

Il visita tour à tour les diverses résidences royales, Fontainebleau, Marly et enfin Versailles, où il devait se plaire d'autant mieux que la Cour, depuis la mort du Roi, n'y séjournait plus. Il trouva le château tel, à peu près, que l'avait laissé Louis XIV. Le duc d'Antin avait été chargé de lui en faire les honneurs : on prépara pour lui l'appartement de la Dauphine, et pour sa suite celui de Mᵐᵉ de Maintenon.

Pierre le Grand arriva à Versailles dans l'après-midi du 24 mai.

Le 25 au matin, devançant l'heure à laquelle M. d'Antin devait venir le prendre, il traversa seul les jardins et alla s'embarquer sur le canal (1).

Il se rendit ensuite à la Ménagerie où, si l'on en croit Buvat, il fit présent au fontainier, pour la peine que celui-ci avait eue de faire jouer en son honneur les eaux souterraines, d'une pièce de 25 sols. Le fontainier, ajoute Buvat, confus de cette largesse, se repentit fort de ne l'avoir pas mouillé avec son « robequin » (2). — Mais Buvat est une mauvaise langue qui ne tarit pas en malices de ce genre sur le souverain moscovite. Dangeau, plus directement informé, nous fournit des renseignements tout contraires. On calcula, nous dit-il, après le départ du Czar, que les sommes distribuées par lui en différentes occasions aux domestiques du Roi qui le servaient pendant son séjour en France devaient dépasser 20,000 écus. Il offrit en outre aux maréchaux d'Estrées et de Tessé son portrait enrichi de diamants (3).

Le premier séjour de Pierre le Grand à Versailles dura du 24 au 27 mai. Il y revint le 3 juin, et cette fois, au lieu de coucher au château où son appartement lui avait été conservé, il préféra s'installer à Trianon. Pour satisfaire à ce désir, le duc d'Antin lui fit préparer les appartements du « Corridor » donnant sur les « Goulottes » (4). Nous empruntons cette indication au *Mercure* sans pouvoir

(1) Dangeau, XVII, 95.
(2) Journal de la Régence *(1715-1722)*, par Jean Buvat, Plon, 1865. I, 268.
(3) Dangeau, XVII, 103.
(4) *Mercure* de juin 1717, p. 186.

dire à quoi, dans la topographie actuelle de Trianon, elle pourrait bien correspondre. Le maréchal de Tessé et le marquis de Bellegarde, fils du duc d'Antin, attachés à la personne du Czar lui servirent de guides dans ses promenades et ses excursions.

Saint-Cyr était voisin de Trianon, et déjà, à plusieurs reprises, Pierre Iᵉʳ avait témoigné une grande envie d'aller visiter Mᵐᵉ de Maintenon dans sa retraite.

Mᵐᵉ de Maintenon, depuis la mort du roi, vivait, en effet, très retirée et très oubliée à Saint-Cyr, n'y recevant que ses amis les plus intimes, s'occupant plus que jamais de la direction morale d'une maison qui était son œuvre, et en qui elle avait placé sans le savoir peut-être ses meilleures chances de bonheur et de gloire. Elle occupait là, tout près de la chapelle, au pied du grand escalier, un très petit appartement d'une simplicité relative : la simplicité d'une reine au couvent. Trois pièces en enfilade comprenant une antichambre, une chambre et une garde-robe ; le tout meublé sobrement et magnifiquement, orné de belles tapisseries, de quelques tableaux de piété et d'un portrait de Louis XIV par Mignard.

Mᵐᵉ de Maintenon, nous dit Dangeau, redoutait beaucoup cette visite du Czar qu'on lui avait annoncée. Ne pouvant s'y soustraire, elle feignit d'être malade et se mit sur son lit pour le recevoir. Nous avons le récit fait par elle-même de cette curieuse entrevue :

« En ce moment M. Gabriel entre et me dit que M. de Bellegarde me mande qu'il veut venir ici après dîné, si je le trouve bon. C'est le Czar, je n'ai osé dire non, et je vais l'attendre sur mon lit : on ne me dit rien de plus, je ne sais s'il faut l'aller recevoir en cérémonie, s'il veut

voir la maison, les demoiselles, s'il entrera au chœur : je
laisse tout au hasard.

. . . .

« Le Czar est arrivé à sept heures du soir : il s'est mis
au chevel de mon lit : il m'a demandé si j'étais malade. J'ai
répondu que oui. Il m'a fait demander ce que c'était que
mon mal. J'ai répondu : une grande vieillesse. Il ne savait
que me dire, et son truchement ne paraissait pas m'entendre. Sa visite a été fort courte ; il est encore dans la
maison, mais je ne sais où. Il a fait ouvrir le pied de mon
lit pour me voir, vous croyez bien qu'il en aura été sa-
tisfait ! »

L'authenticité de cette lettre publiée par La Beaumelle
a été souvent mise en doute : on en trouve cependant la
substance dans les mémoires des Dames de Saint-Louis,
et, en dehors des témoignages de Saint-Simon, nous ne
connaissons rien qui contredise ce récit. On sait que,
d'après Saint-Simon, le Czar serait entré brusquement
dans la chambre de Mme de Maintenon, aurait ouvert
tout aussitôt les rideaux de la fenêtre, puis ceux du lit,
et après avoir contemplé la dame tout à son aise, s'en
serait allé, sans un mot de politesse ni le plus léger salut.
C'est ici, ce nous semble, qu'éclate l'invraisemblance. Le
Czar, de l'aveu même de Saint-Simon, ne manquait ni
de courtoisie, ni de tact. Il se montrait surtout plein d'é-
gards pour tout ce que Louis XIV avait estimé ou aimé.
Les mémoires des Dames de Saint-Louis, reproduits
par La Beaumelle, complètent le récit de Mme de Maintenon. Ils nous apprennent que les religieuses étaient allées

attendre le Czar à la porte de clôture, qu'elles l'avaient suivi dans l'appartement de leur fondatrice, et que celle-ci rougit beaucoup lorsqu'il souleva son rideau. En ce moment elle leur sembla belle encore, et lui-même fit paraître une surprise mêlée de respect. Quelques jours après, ayant rencontré à Paris, dans un salon, M⁽ᵐᵉ⁾ de Caylus et ayant su qu'elle était la nièce de M⁽ᵐᵉ⁾ de Maintenon, il la prit par la main, la regarda beaucoup et lui fit mille politesses.

C'est peut-être à cette visite du czar Pierre qu'il faut faire remonter l'origine du premier établissement d'éducation créé en Russie, au siècle dernier, sur le modèle de Saint-Cyr.

Si M. Taphanel avait bien voulu continuer de raconter la visite de Pierre I⁽ᵉʳ⁾ plus loin que Saint-Cyr, il aurait certainement conclu en disant :

« *C'est peut-être à cette visite du Czar qu'il faut* « *faire remonter l'origine* de l'Alliance franco- « russe actuelle. »

En effet, Pierre le Grand n'était pas venu uniquement en France en touriste et en observateur; il avait un but secret, celui d'une alliance avec notre pays.

Mais ses projets n'aboutirent pas. Le gouvernement d'alors, moins préoccupé de la grandeur de la France que de questions d'intérêt et de personnes, fit la sourde oreille à ses propositions. Ce que deux monarchies n'ont pu mener à bien, une République parlementaire et un Empire autocratique viennent heureusement de le conclure pour la paix du monde.

Insistons toutefois sur ce premier flirt franco-russe.

C'est encore Saint-Simon avec sa logique serrée, son bon sens et son beau style, qui, mettant le doigt sur la plaie — l'immonde abbé Dubois — va nous faire voir comment et pourquoi le traité d'Alliance ne se signa pas.

La page est curieuse et mérite d'être citée :

« Le Czar avait une passion extrême de s'unir avec la France. Rien ne convenoit mieux à notre commerce, à notre considération dans le Nord, en Allemagne et par toute l'Europe. Ce prince tenoit l'Angleterre en brassière par le commerce, et le roi Georges en crainte pour ses États d'Allemagne. Il tenoit la Hollande en grand respect et l'empereur en grande mesure. On ne peut nier qu'il ne fît une grande figure en Europe et en Asie, et que la France n'eût infiniment profité d'une union étroite avec lui. Il n'aimoit point l'empereur, il désiroit de nous déprendre peu à peu de notre abandon à l'Angleterre, et ce fut l'Angleterre qui nous rendit sourds à ses invitations jusqu'à la messéance, lesquelles durèrent encore long-temps après son départ. En vain, je pressois souvent le régent sur cet article, et lui disois des raisons dont il sentoit toute la force, et auxquelles il ne pouvoit répondre. Mais son ensorcellement pour l'abbé Dubois, aidé encore

alors d'Effiat, de Canillac, du duc de Noailles, étoit encore
plus fort.

« Dubois songeoit au cardinalat et n'osoit encore le
dire à son maître. L'Angleterre, sur laquelle il avoit fondé
toutes ses espérances de fortune, lui avoit servi d'abord
à être de quelque chose par le leurre de son ancienne
connoissance avec Stanhope. De là, il s'étoit fait envoyer
en Hollande le voir à son passage, puis à Hanovre; enfin,
il avoit fait les traités qu'on a vus, et s'en étoit fait conseiller d'Etat, puis fourré dans le conseil des affaires
étrangères. Il avoit été, puis étoit retourné en Angleterre.
Les Anglois qui voyoient son ambition et son crédit le
servoient à son gré pour en tirer au leur, son but étoit de
se servir du crédit du roi d'Angleterre sur l'empereur qui
étoit grand et de sa liaison, alors intime et personnelle,
pour se faire cardinal par l'autorité de l'empereur qui
pouvoit tout à Rome, et qui faisoit trembler le pape.

« Cette riante perspective nous tint enchaînés à l'Angleterre avec la dernière servitude, qui ne permit rien au
régent qu'avec sa permission, que Georges étoit bien
éloigné d'accorder à la liaison avec le Czar, tant à cause
de leur haine et de leurs intérêts, que par ménagement
pour l'empereur, deux points si capitaux pour l'abbé Dubois que le Czar Ier se dégoûta enfin de notre surdité pour
lui, et de notre indifférence qui alla jusqu'à ne lui envoyer ni Verton (1), ni personne de la part du roi.

(1) Verton, un des maîtres d'hôtel du roi, était un garçon
d'esprit, fort d'un certain monde, homme de bonne chère et
de grand jeu, qui fit servir le Czar avec tant d'ordre, et sut
si bien se conduire que le Czar le prit en singulière amitié
ainsi que toute sa suite.

« On a eu lieu depuis d'un long repentir des funestes
charmes de l'Angleterre, et du fol mépris que nous avons
fait de la Russie. Les malheurs n'en ont pas cessé par un
aveugle enchaînement, et on n'a enfin ouvert les yeux
que pour en sentir mieux l'irréparable ruine scellée par
le ministère de M. le Duc, et par celui du cardinal Fleury
ensuite, également empoisonnés de l'Angleterre, l'un par
l'énorme argent, l'autre par l'infatuation la plus imbé-
cile. »

Sans vouloir appuyer ici, plus que de raison, sur
les réflexions de Saint-Simon, ne peut-on pas dire
cependant, principalement en face du dernier para-
graphe de l'historien, que la vérité d'autrefois est
encore la vérité d'aujourd'hui?

Avant d'arriver à l'époque présente, objet de ce
travail, nous pourrions, poussant plus avant nos in-
vestigations, montrer les motifs pour lesquels une
alliance franco-russe devait fatalement aboutir.
Deux raisons nous empêchent d'agir ainsi.

La première, c'est que ces raisons ont été on ne
peut mieux déduites dans une série d'articles publiés
par M. Léopold d'Aigremont, dans un numéro spécial de son journal l'*Echo de Versailles*, articles si-
gnés de nos concitoyens les plus distingués, MM. de
Nolhac, Monod, Bertrand, etc., et que nous reproduisons en dernier chapitre dans ce volume.

La seconde, c'est que les faits sont toujours plus probants que tous les raisonnements du monde et que depuis deux ans les sentiments de sympathie profonde qui unissent les nations russe et française se sont manifestées par des faits.

Notre flotte s'est rendue à Cronstadt en 1891 et l'accueil qui y ont reçu nos marins, aussi bien à Moscou qu'à Saint-Pétersbourg, a été à la fois magnifique et fraternel.

Dès ce jour, il a été clair qu'on pouvait compter sur la Russie. Restait son chef.

Depuis la venue de la flotte russe à Toulon, depuis surtout les inoubliables télégrammes expédiés de Fredenborg en France par le Czar, nous sommes fixés.

L'Alliance franco-russe a été signée sur nos boulevards et dans nos rues, aux cris mille fois répétés de : « Vive la Russie! Vive le Czar! »

Si nous avons insisté sur les prémices de cette Alliance, c'est que là est peut-être le plus grand événement du siècle. C'est aussi qu'il nous paraissait intéressant de montrer que de tous temps la France reçut avec honneur ses visiteurs russes.

Certes, les fêtes données sous Louis XIV paraissent maintenant un peu maigres et froides, mais, toutes proportions gardées, elles furent à cette époque

dignes de notre hospitalière nation, dignes aussi des
hôtes illustres à qui elles s'adressaient.

Quelques esprits chagrins trouvent que nous avons
cette fois été trop loin et que notre enthousiasme
pour les marins de l'Escadre russe a dépassé de
beaucoup la mesure.

Nous croyons que c'est là une erreur. D'abord
nous avions à rendre les politesses de Cronstadt et
la France républicaine entend, en toutes circonstances, faire royalement les choses.

Puis nous ne fêtions pas seulement nos hôtes, nous
célébrions aussi les définitives relevailles de notre
chère Patrie, redevenue forte et grande, assez grande
et assez forte pour qu'on la recherchât, qu'on s'unît
à elle, qu'on s'avouât son ami.

Tout cela faisait passer devant nos yeux, non des
visions de guerre et de carnage, mais des horizons
sereins de paix durable et féconde...

Et voilà pourquoi il ne faut rien regretter de nos
transports et de nos griseries.

Versailles, en la circonstance, s'est départie de
sa légendaire froideur. Tout le monde y a riva-
lisé d'entrain, de bonne volonté, de zèle, de dévouement. Tout le monde a bien fait.

Quant aux dépenses, n'en parlons pas. Mieux vaut
payer des fêtes et des réjouissances, en l'honneur

d'une nation amie, que des fontes de canons et des fabrications d'obus.

Nous en appelons à tous les philosophes — et à toutes les mères.

II

LES PRÉPARATIFS

Dès que la nouvelle officielle de l'arrivée de l'escadre russe à Toulon fut connue, tous les journaux à l'envi réclamèrent de grandes fêtes, imposantes, dignes de nous, dignes de nos hôtes.

Versailles, dont nous avons seulement à nous occuper, suivit le mouvement, et la presse locale, mettant de côté les ressentiments nés des divergences politiques, réclama à l'unisson des fêtes en l'honneur de nos amis du Nord.

Le document le plus important de cette période

2

est incontestablement la lettre qu'adressa au *Jour-nal de Versailles* M. Philippe Gille.

On s'est étonné, à cette époque, de voir l'éminent écrivain publier cette lettre, qui fit tant de bruit, dans un modeste journal de province, alors qu'il avait sous sa main le *Figaro*.

La raison, la voici, elle nous a été fournie par l'intéressé lui-même, alors que nous lui faisions cette observation si juste en apparence :

« Ma lettre, nous dit-il, n'émane pas du collabora-
« teur habituel du *Figaro*; c'est le *Versaillais* qui a
« parlé. Ne suis-je pas votre concitoyen, depuis bien-
« tôt dix ans, pendant trois mois chaque année?
« Est-ce que je ne m'intéresse pas à Versailles? N'ai-
« je pas travaillé beaucoup sur votre ville? Dès lors,
« c'est à Versailles que je devais faire connaître les
« idées qui m'ont été suggérées par la situation ac-
« tuelle. Pourquoi, me direz-vous, avez-vous envoyé
« votre lettre au *Journal de Versailles*? Uniquement
« parce que je vous connais; j'ai pensé trouver chez
« vous bon accueil et j'ai vu que je ne m'étais pas
« trompé. »

Voici la lettre de M. Philippe Gille, elle parut dans les colonnes du *Journal de Versailles*, à la date du 17 septembre :

Mon cher confrère,

Toutes les grandes villes de France vont saluer l'arrivée des marins russes; la presse parisienne a déjà organisé son brillant programme des fêtes. Admirateur fervent de Versailles qui m'attire chaque année par son charme et par sa grandeur, je me permets de vous soumettre une idée que je crois bonne et que votre municipalité pourrait facilement réaliser.

Sans discuter les grandes attractions des réceptions qui seront faites, il en est peu qui puissent offrir celle que la seule ville de Versailles serait en mesure de donner.

Elle consisterait uniquement en un punch d'honneur qui serait servi dans la grande galerie du château de Versailles; un simple punch, sans allocution ni discours. La musique militaire exécuterait l'*Hymne russe* et la *Marseillaise* dans le salon de la Paix.

Sans rappeler ici de trop funestes jours, il me semble qu'il serait bon de voir Russes et Français fraterniser sous cette voûte dont les échos ont retenti de la déclaration de nos défaites et de la déchéance des petites puissances allemandes.

L'Arc-de-Triomphe a été purifié du passage de l'étranger le jour où il a abrité la dépouille mortelle de notre plus grand poète; pourquoi la galerie du château de Versailles ne le serait-elle pas par la présence de ceux qui sont venus en frères pour serrer nos mains?

Je soumets cette idée à votre patriotisme et je serais

heureux si vous pensiez qu'elle mérite qu'il y soit donné suite.

Agréez, mon cher confrère, l'expression de mes sentiments les plus sympathiques.

Philippe Gille.

Versailles, 15 septembre 1893.

Plus de cent journaux, français et étrangers, reproduisirent cette lettre, où les sentiments les plus élevés se donnaient libre carrière, et ce qui prouve combien son auteur avait touché juste, c'est que de tous les points de la France, pendant trois jours, ce fut, à son habitation de la rue des Réservoirs, une pluie de lettres et de télégrammes de félicitations.

Mais, comme toute médaille a son revers, ce qui avait tant réjoui et tant ému le cœur des Français devait fatalement produire un effet inverse de l'autre côté des Vosges et des Alpes.

Un journal de Berlin ne se gêna pas pour exprimer son mécontentement déguisé sous une forme lourdement badine, mais qui n'empêche pas de voir que la lettre de M. Philippe Gille l'irrite profondément. C'est avec fierté que nous reproduisons les passages les plus intéressants de cet article dont nous devons la traduction à notre distingué conci-

toyen, M. Minssen, l'éminent professeur de l'Ecole
de Saint-Cyr.

Extraits du Journal, le Courrier de la Bourse de
Berlin, *du 22 septembre 1893* :

Çà et là. — Notre correspondant nous écrit de Paris, le
19 septembre :

Au milieu du concours gênant d'une légion de conseillers exaltés, le projet des républicains gaulois qui, le mois
prochain, comptent offrir leurs hommages aux représentants de la marine russe, commence à prendre lentement
et peu à peu une forme plus solide. Le Comité de la
presse, qui s'est chargé de fournir à la population parisienne le moyen de manifester ses sentiments russophiles,
dans une série de fêtes brillantes, a presque fini de fixer
son programme ; on peut en dire autant du Cercle militaire qui, dans ses somptueux appartements de la place
de l'Opéra, offre l'hospitalité la plus large à ses frères
d'armes *in spe*. Seuls, les cercles officiels sont en retard ;
quant aux décisions à prendre on n'en a encore pris aucune relativement aux honneurs que le chef de l'Etat,
le gouvernement et l'autorité municipale de Paris ren-
draient aux hôtes de la nation ; en effet, ni le Ministre
des affaires étrangères n'a pu s'entendre définitivement
avec l'Ambassadeur du Czar, ni le bureau du Conseil
municipal, actuellement hors session, avec le préfet de
la Seine.

En attendant, une partie des habitants de la Ville-

Lumière répète l'hymne russe dans le texte original ;
d'autres torturent leur langue avec le vivat moscovite :
Da sdrawstwujet Rossia, que M. Floquet seul, dit-on,
sait pousser avec facilité ; un nombre non moins grand
se casse la tête pour imaginer quelque manifestation
qui puisse ajouter aux transports de joie de la fraternité franco-russe la saveur piquante de provocations
germanophobes. Bien des propositions fort gentilles en ce
genre sont déjà en discussion. C'est ainsi que, sur la
suggestion de Philippe Gille, rédacteur du *Figaro*, le
Conseil municipal de Versailles s'occupe de la pensée
d'offrir aux Russes un punch d'honneur dans la grande
galerie des Glaces du château royal, et de « purifier »
solennellement, par cette cérémonie, ces lieux qui, le
18 janvier, avaient été « profanés » par la proclamation
de l'Empire allemand...

Il est superflu d'ajouter que cet article fit le plus
grand plaisir à M. Philippe Gille.

Si nous sommes bien renseignés, il n'y eut pas
que la presse allemande qui s'émut de la lettre *historique* : le gouvernement allemand crut devoir, dans
une certaine mesure, intervenir lui aussi, et cet incident donna lieu, croyons-nous, à certains échanges
de notes diplomatiques.

Est-ce pour cette raison que l'idée émise dans la
lettre de notre concitoyen n'eut pas de suite ? Nous
ne savons ; cependant il est permis de croire que la

proposition ne se réalisa pas parce que l'emplacement choisi appartient à l'État.

Or, c'était la ville de Versailles qui devait recevoir les officiers russes; par suite, les réceptions officielles devaient avoir lieu dans la Maison municipale, c'est-à-dire à l'Hôtel-de-Ville même.

Acceptons cette raison, fort plausible du reste, comme étant la meilleure.

Dans le même numéro du *Journal de Versailles* parut une autre lettre que nous reproduisons aussi à titre de document, quoiqu'il ne fût pas donné suite à la proposition qu'elle contenait.

Nous regrettons de ne pas connaître son auteur, car elle fait voir, une fois de plus, ce qu'étaient les relations des Russes et des Français en Crimée. A ce titre seul, elle mérite de ne pas tomber dans l'oubli :

> Monsieur le Directeur,
>
> Permettez-moi de vous exposer une idée :
> Pour bien prouver à la nation russe ainsi qu'au Czar que toute la France est heureuse de les fêter, une délégation de vieux crimées ne pourrait-elle pas se joindre à leurs frères d'armes tonkinois pour leur souhaiter la bienvenue?
> Je suis persuadé qu'officiers, sous-officiers et soldats ayant fait la campagne de Crimée seraient heureux de

faire cette démonstration pour donner un témoignage
sincère de l'estime et de l'amitié qu'ils ont toujours
conservées dans leur cœur, et certifier que, quoiqu'en
faisant leur devoir de soldat, il n'est jamais resté trace
chez eux de la plus petite haine ; la grande sympathie de
ces deux nations, j'en suis certain, n'a jamais laissé de
place dans nos cœurs qu'à l'amitié que nous avions l'un
pour l'autre.

« On se battait loyalement, et on se portait secours
avec bonheur, parce que l'on s'aimait.

« Nous sommes indivis et j'ose espérer que nous le
serons toujours.

« Un ancien combattant de Crimée » (1).

On le voit, l'arrivée des Russes en France faisait
travailler tous les cerveaux ; le courant le plus sympathique s'établissait, et Versailles devait nécessairement jouer son rôle dans cette grande fête de la
paix.

L'administration municipale, désireuse de seconder le vœu des habitants et jugeant le moment opportun, déclara à M. le Préfet de Seine-et-Oise qu'elle était
décidée à marquer ses vives sympathies pour la
Russie en offrant aux braves marins de l'escadre

---

(1) Nous avons appris, depuis la publication de ce document, que cette lettre émane de notre concitoyen M. Gaugel,
ancien employé à la Préfecture de Seine-et-Oise.

une fête sur la nature de laquelle il y avait lieu de prendre l'avis du Gouvernement.

M. le Ministre de l'intérieur, ne devant être de retour à Paris que le 25 septembre, le Maire de Versailles convoqua le Conseil municipal, le mardi 26, à 8 h. 1/2 du soir, afin de prendre, de concert avec lui, toutes les mesures utiles.

Le Conseil municipal se réunit à la date indiquée et M. Edouard Lefebvre, maire de Versailles, fit au Conseil la communication suivante :

Messieurs,

Vous connaissez la note qui a été communiquée à la presse par l'administration municipale, permettez-moi de la remettre sous vos yeux :

« Aussitôt qu'il a été question de la visite des marins russes à Paris, l'administration municipale de Versailles a immédiatement déclaré à M. le Préfet de Seine-et-Oise que, répondant aux vœux de la population, elle était décidée à marquer ses vives sympathies pour la Russie en offrant à ses braves marins une fête sur la nature de laquelle il y avait lieu de prendre l'avis du gouvernement.

« M. le Ministre de l'intérieur, président du Conseil, sera de retour le 25, et, dès le 26, le Maire de Versailles réunira le Conseil municipal pour prendre, de concert avec lui, toutes les mesures utiles. »

En effet, Messieurs, la question de la réception des

marins russes occupait l'opinion publique à Versailles,
j'avais reçu des lettres et de nombreuses visites de nos
collègues du Conseil dans lesquelles ils me signalaient
cette situation que, d'ailleurs, je connaissais déjà.

Aussi, dès le jeudi 14 septembre, avais-je fait connaître à M. le Préfet l'intention de la Municipalité de
donner une fête à la hauteur des sympathies inspirées
par la grande nation amie, et digne de la ville de Versailles.

Je connaissais depuis le matin la circulaire spéciale
adressée aux préfets par le Ministère de l'intérieur,
ainsi conçue :

« Avisez les municipalités, tous corps constitués quel-
conques organisant des fêtes à l'occasion de la visite de
l'escadre russe à Toulon, que tous ces projets doivent
être transmis au Ministère de l'intérieur — cabinet de
la présidence du conseil — qui est exclusivement chargé,
après entente avec le Ministre des affaires étrangères,
de les centraliser et de régler la suite qui pourra y être
donnée.

« Aucune proposition ne doit être faite en dehors de
son entremise. »

Cette dépêche me fut communiquée officiellement par
M. le Préfet, le samedi 16, lors de ma seconde entrevue
avec lui; j'insistai de nouveau et je déclarai que la
Municipalité était décidée à donner suite à ses projets
après avoir pris l'avis du Gouvernement.

M. le Préfet me répondit alors qu'il verrait M. le président du Conseil des ministres et qu'il me ferait con-

naître la décision qui serait prise au sujet de la possibilité de la participation des marins russes à une fête à Versailles.

Le 19 septembre, je confirmai cette conversation à M. le Préfet, par une lettre ainsi conçue :

« Monsieur le Préfet,

« Ainsi que j'ai eu l'honneur de vous en informer précédemment, l'administration municipale de Versailles, répondant aux vœux de la population, est décidée à participer aux fêtes données à l'occasion de l'arrivée à Paris des marins de l'escadre russe.

« Le Conseil municipal va être convoqué en séance extraordinaire pour le mardi 26 courant, à l'effet de délibérer sur ce qu'il y aurait lieu de faire et sur les crédits à voter.

« Mais préalablement et pour répondre aux instructions de M. le Ministre de l'intérieur, je désirerais conférer avec lui des diverses combinaisons qui pourraient se présenter pour l'organisation d'une fête à Versailles et l'adoption d'un programme.

« Je viens donc vous prier, Monsieur le Préfet, de vouloir bien solliciter dans ce but une audience de M. le Ministre de l'intérieur; comme le Conseil municipal se réunit le 26, à huit heures du soir, il serait désirable que cette audience eût lieu avant cette date.

« Veuillez agréer,... »

Le 23 septembre, M. le Préfet me communiqua la dépêche suivante :

« *Intérieur à Préfet de Versailles.*

« Ce n'est qu'après le Conseil du 28 qu'il me sera possible de recevoir M. le Maire de V‑sailles au sujet des projets des fêtes franco-russes.

« Veuillez informer le Maire de Versailles. »

Tel est, Messieurs, l'état actuel de mes démarches ; ce n'est que dans deux ou trois jours que pourra avoir lieu l'audience que j'ai demandée ; alors seulement nous pourrons connaître exactement la décision du Conseil des ministres.

Si cette décision est favorable à l'organisation d'une fête à Versailles, je m'occuperai immédiatement du programme pour l'élaboration duquel je vous prie de m'adjoindre une commission de dix membres.

Quant à la fixation de la somme nécessaire pour assurer une exécution digne de Versailles, je vous demande de vous en rapporter à l'administration municipale en lui accordant un crédit illimité sur lequel il serait prélevé une somme de quinze cents francs pour distribution exceptionnelle aux indigents.

A la suite de cet exposé qui a reçu la complète approbation du Conseil et après un très court échange d'observations, le Conseil municipal, *à l'unanimité*, a adopté la délibération suivante :

Le Conseil municipal,
Vu la loi du 5 avril 1884 ;
Vu l'exposé du maire ;

Considérant que le devoir de toutes les villes de France est de s'associer par l'expression de leurs plus vives sympathies à la réception qui sera faite, au nom de la République française, aux représentants d'un grand peuple ami ;

Considérant qu'en prenant l'initiative d'une invitation aux officiers de la flotte russe, l'administration municipale de Versailles a été l'interprète du vœu unanime de la population ;

Considérant que, par le rang qu'elle occupe, tant au point de vue historique dans le passé, qu'au point de vue constitutionnel dans le présent, la ville de Versailles a des titres incontestables à l'honneur qu'elle revendique ;

Considérant que le voyage à Paris de souverains ou d'étrangers illustres a toujours comporté la visite de Versailles qui reçut Pierre le Grand, le comte du Nord (depuis le czar Paul Ier) et le czar Alexandre II accompagné du czaréwich, aujourd'hui S. M. Alexandre III ;

Considérant que le Gouvernement de la République, qui consacre des sommes importantes et de constants efforts à la restauration du palais et des jardins de Versailles, ne saurait abandonner une tradition que justifient le patriotisme dont la ville de Versailles a toujours, en toutes circonstances, donné des preuves éclatantes et le cadre exceptionnel qu'elle offre pour une brillante réception de nos hôtes étrangers ;

Considérant que la ville de Versailles ne saurait non plus oublier le témoignage de bienveillance et de sympathie qu'elle reçut de S. M. l'Empereur de Russie, lors de l'inauguration de la statue de l'un de ses plus glo-

rieux enfants, le sculpteur Houdon, autrefois appelé à
Saint-Pétersbourg par l'impératrice Catherine II (1);

Considérant que, s'il appartient exclusivement au gouvernement de la République de régler, d'accord avec
S. E. l'Ambassadeur de Russie, les détails du voyage des
officiers de la flotte russe, les municipalités, à l'exemple
de celle de Paris, ont le devoir d'offrir leur concours le plus
dévoué pour ajouter encore à l'éclat d'une manifestation
ayant un caractère hautement patriotique et pacifique;

Délibère :

Pleins pouvoirs sont donnés à l'administration municipale pour fixer, de concert avec le Gouvernement, le
programme des fêtes à organiser, à Versailles, à l'occasion de la réception des marins russes en cette ville;

(1) S. M. Alexandre III fit parvenir, par l'entremise de l'ambassadeur de France à Saint-Pétersbourg, la somme de *mille*
francs, au Comité de la statue de Jean Houdon.

M. Laboulaye écrivit la lettre suivante à M. Alphonse Bertrand, président du Comité :

Monsieur le Président,

Vous recevrez probablement en même temps que cette
lettre, si même vous ne l'avez déjà reçue, la souscription de
S. M. l'Empereur de Russie à la statue que votre Comité
élève à la mémoire de Houdon.

Je suis heureux d'avoir pu contribuer à honorer cette mémoire en appelant l'attention du Gouvernement russe sur
l'œuvre que Versailles a entreprise en faveur d'un grand
artiste aussi apprécié en Russie qu'en France.

Veuillez croire, Monsieur, à mes sentiments dévoués.

LABOULAYE.

Attendu qu'il est impossible, quant à présent, de fixer le chiffre de la dépense, met en principe, à l'unanimité, à la disposition du Maire un crédit illimité à prendre sur les fonds libres de l'exercice courant, avec affectation d'une somme de 1,500 francs pour distribution extraordinaire de secours aux indigents et orphelins de la ville;

Nomme une commission de dix membres, composée de MM. Truffaut, Leroy, Mazinghien, Quéro, Bart, Alphonse Bertrand, Larcher, Boulé, Marin et Sarton, conseillers municipaux, chargés de l'élaboration et de l'exécution des diverses parties du programme arrêté.

Versailles, le 26 septembre 1893.

Cette décision du Conseil municipal n'était en quelque sorte que l'adoption d'un projet soumis sous forme de lettre à M. le Maire de Versailles, par M. Alphonse Bertrand, Conseiller municipal.

Nous empruntons à ce document les passages suivants :

Il n'y a pas de séjour à Paris sans une visite à Versailles. Or, dans le cas présent, il ne me semble pas possible que les officiers et marins de la flotte russe viennent ici comme de simples voyageurs embrigadés par l'*Agence Cook*. Je suis certain qu'à Versailles et au dehors on verrait du meilleur œil qu'une réception solennelle, ou tout au moins officielle, fût faite par notre municipalité aux délégués de la flotte russe lors de leur arrivée à Versailles.

Il y a pour cela beaucoup de raisons. Le nom de Versailles, et plus que personne vous avez contribué à maintenir cette tradition en 1889, a surtout à l'étranger un éclat historique supérieur à celui des autres villes, et, au point de vue constitutionnel et politique, il a conservé, même dans le présent, une réelle importance.

Dès avant Cronstadt, l'Empereur de Russie envoyait sa souscription à une œuvre versaillaise.

L'ancien Ambassadeur de France en Russie, M. de Laboulaye, qui a préparé l'alliance, habite Versailles.

Enfin M. de Mohrenheim vient souvent ici.

J'ajouterai qu'en 1891, lors de l'inauguration de la statue de Houdon, nous avons été des premiers à saluer à son aurore l'alliance franco-russe.

Après avoir exposé son programme, que nous ne reproduisons pas ici puisqu'il fut dans ses grandes lignes adopté par le Conseil municipal, M. Bertrand dit fort à propos, au sujet du Conseil municipal dont il réclame la convocation :

« Y eut-il même en ce moment d'assez nombreuses « absences, peu importe, puisqu'il n'y aura aucune « opposition. »

M. Bertrand ne se trompait pas; c'est à l'unanimité que les décisions furent prises, comme on l'a vu plus haut.

Cette décision unanime n'étonna personne, car Versailles était déjà lancé dans ce courant extraor-

dinairement sympathique qui s'empara de la France
entière à l'annonce de la flotte russe.

Il n'y avait donc plus qu'à agir.

Aussi, dès le 27, le Maire de Versailles adressait
la lettre suivante à M. le Préfet de Seine-et-Oise.

Versailles, le 27 septembre 1893.

Monsieur le Préfet,

J'ai l'honneur de vous adresser, en double expédition,
copie de la délibération prise par le Conseil municipal
de Versailles, dans sa séance extraordinaire du 26 septembre 1893. Par cette délibération il a été voté, à l'unanimité, à mon administration un crédit illimité pour
l'organisation des fêtes qu'elle a décidé d'offrir aux
marins de l'escadre russe.

Une commission de dix membres prise dans le Conseil municipal a été nommée pour l'élaboration et l'exécution des diverses parties du programme à arrêter.

Je viens vous prier, Monsieur le Préfet, de vouloir bien,
conformément à la dépêche de M. le Ministre de l'Intérieur, du 23 courant, que vous avez bien voulu me
communiquer, solliciter d'urgence de M. le Président
du Conseil une audience dans laquelle je lui soumettrai
les vues de l'administration municipale.

Veuillez agréer, Monsieur le Préfet, etc.

Le Maire de Versailles,
Signé : Ed. LEFEBVRE.

3

C'est à ce moment que M. Edouard Lefebvre eut une idée excellente, qui, bientôt adoptée par la Commission chargée de la direction des fêtes, fut mise de suite à exécution.

Se rappelant la lettre de M. Philippe Gille, à laquelle il était d'ores et déjà impossible de pouvoir donner suite, le Maire voulut remercier l'écrivain d'une manière délicate.

Se souvenant aussi, pour l'avoir déjà lu, de l'ouvrage que M. Gille avait fait paraître sur notre ville : *Versailles et les Trianons,* rempli de magnifiques eaux-fortes de Sadoux et de ravissants dessins de F. Prodhomme, il demanda qu'il fût donné : un exemplaire sur Japon avec double suite d'épreuves à l'amiral Avellan; cinquante exemplaires destinés aux officiers de l'escadre devant venir à Paris et cinq autres exemplaires pour les bibliothèques des bâtiments de guerre.

De cette façon, M. le Maire remerciait d'une part M. Gille de sa pensée aussi généreuse que patriotique, et de l'autre, laissait entre les mains des officiers russes un souvenir durable, digne de la ville qu'ils étaient appelés à visiter.

Ces albums magnifiquement reliés, portant les armes de la Ville sur le plat de leurs couvertures, eurent auprès des officiers tout le succès qu'ils méritaient.

La Commission d'organisation s'occupa active-
ment de la décoration des rues que le cortège devait
suivre.

On projeta de planter des mâts ornés de drapeaux
et d'oriflammes dans les rues Duplessis et de la Paroisse, place du Marché et rue Saint-Pierre. Cette
dernière surtout, point central de la fête, devait sur-
passer les autres par la richesse des décorations.

Ce furent MM. Quéro et Leroy qui eurent à s'occuper principalement de cette décoration; on verra plus
loin qu'ils y réussirent admirablement, puissamment
aidés, disons-le, par tous les commerçants du quartier.
La tâche était rendue difficile par les proportions
énormes de nos rues; leurs largeurs, leurs lignes
droites à perte de vue sont autant de difficultés à
vaincre, car Versailles, par sa grandeur majestueuse,
supporte difficilement les ornements qui viennent
s'ajouter à sa décoration et à sa majesté naturelles.

On venait d'apprendre, par la publication du programme complet des fêtes, que le lundi 23 octobre,
après un déjeuner au Cercle militaire, les officiers
russes viendraient à Versailles.

Cette nouvelle causa dans la ville une véritable
sensation; aussi la Municipalité et la Commission se
mirent-elles à l'œuvre sans perdre une minute. D'un
autre côté, la Préfecture et le Ministère des Affaires

étrangères adressaient au Maire de Versailles les
lettres suivantes que nous reproduisons uniquement
pour bien faire comprendre à quel point, dans ces
fêtes spéciales où tout doit être prévu, on apporte
de soins jusque dans les détails les plus minimes en
apparence.

PRÉFECTURE DE SEINE-ET-OISE
2ᵉ Division, 1ᵉʳ Bureau

Versailles, le 5 Octobre 1893.

Visite de l'Escadre russe
en France.

Monsieur le Maire,

J'ai l'honneur de vous communiquer, à titre de renseignements, et à toutes fins utiles, la note rédigée par
le service du protocole au Ministère des Affaires étrangères, que vient de me transmettre M. le Président du
Conseil, Ministre de l'Intérieur, au sujet du pavoisement
à l'occasion du séjour des marins russes en France.

Le drapeau impérial et le drapeau national étant dis-
tincts en Russie, il conviendrait que les édifices nationaux,
départementaux et municipaux soient pavoisés avec des
faisceaux formés de la manière suivante : au milieu, le
drapeau impérial (fond jaune avec l'aigle noir à double
tête) entouré, à droite, du drapeau français, et, à gauche,
du drapeau national russe qui est blanc, bleu, rouge,
en sens horizontal, puis en alternant de drapeaux français et de drapeaux nationaux russes.

Si l'on veut mêler aux faisceaux le pavillon de la marine russe et le pavillon militaire russe, voici leur description :

Pavillon de la marine : blanc, avec croix diagonale de saint André bleue ; — pavillon militaire rouge avec croix diagonale de saint André bleue bordée de blanc et croix transversale blanche.

Agréez, etc.

Pour le Préfet,

Le Secrétaire général délégué,

Signé : DUFOIX.

PRÉFECTURE DE SEINE-ET-OISE
2ᵉ Division, 1ᵉʳ Bureau

Versailles, le 7 Octobre 1893.

Visite de l'Escadre russe
en France.

Pavoisement.

Monsieur le Maire,

Pour faire suite à ma communication du 5 octobre courant, j'ai l'honneur de vous transmettre le texte de la nouvelle dépêche que je viens de recevoir de M. le Président du Conseil, Ministre de l'Intérieur.

« A l'occasion des fêtes franco-russes, les édifices nationaux devront être pavoisés aux couleurs françaises seulement ; quant aux édifices départementaux et com-

munaux, ils pourront être décorés aux couleurs françaises et russes ».

J'ai l'honneur, à toutes fins utiles, de porter ces renseignements à votre connaissance.

Agréez, etc.

Pour le Préfet de Seine-et-Oise,

Le Secrétaire général délégué,

Signé : DUFOIN.

MINISTÈRE

des

AFFAIRES ÉTRANGÈRES

Paris, *le 9 Octobre* 1893.

Protocole.

Monsieur le Maire,

Suivant le désir que vous avez bien voulu m'exprimer,
je m'empresse de vous adresser les noms des bâtiments
russes qui doivent arriver à Toulon le 13 octobre prochain.

Empereur Nicolas Ier, cuirassé; — *Amiral Nakhimoff,*
croiseur cuirassé de 1re classe; — *Pamiat Azoua,* croiseur cuirassé; — *Rynda,* croiseur, de 1re classe, et *Térets,*
canonnière.

Si vous avez besoin d'autres renseignements, je me
tiens à votre entière disposition.

Agréez, etc.

Signé : BOURGUENEY.

Tout marchait donc à souhait, il n'y avait plus qu'à attendre.

Le *Journal de Versailles*, le *Petit Versaillais*, l'*Écho de Versailles*, le *Courrier* firent paraître dans leurs numéros du 15 octobre des articles enthousiastes.

Nous reproduisons l'article du *Journal de Versailles* qui décrit ce que doivent être les fêtes avec tous les détails.

L'amiral Avellan, accompagné de cinquante officiers de tous grades, arrivera dans notre ville le lundi 23 octobre, à deux heures, non pas en landau, comme il avait été dit, mais en chemin de fer par train spécial.

La venue en voiture a dû être abandonnée par suite de l'incertitude du temps en cette saison. Donc, à 2 heures, réception par la municipalité, dans une des salles de la gare rive droite, décorée et aménagée pour la circonstance. Formation du cortège qui se rendra au Palais par l'itinéraire suivant : rue Duplessis, rue Saint-Pierre, avenue de Paris.

Tout ce parcours sera décoré et pavoisé par les soins de la ville.

Entrée au Palais par la grille d'honneur. Présentation des autorités par M. le Préfet, au nom du Gouvernement. Visite du Château, du Parc et des Trianons; grandes eaux aux bassins nouvellement restaurés et finalement à Neptune. (Toute cette partie du programme concerne le

service du Palais et ne sera arrêtée d'une façon définitive qu'ultérieurement.)

Sortie du parc par la grille du Dragon. Reconstitution
du cortège qui se rendra à l'Hôtel-de-Ville par l'itinéraire
ci-après : rue de la Paroisse, Marché, rue Duplessis, rue
Saint-Pierre.

Pavoisement sur tout le parcours par des mâts et
bannières.

Lunch à l'Hôtel-de-Ville. Près de sept cents invitations
ont été lancées par la Municipalité qui, étant donné le
peu de place dont elle dispose, a dû, à son vif regret, se
montrer moins large qu'elle aurait voulu l'être.

Le lunch sera servi par les soins de M. Grossœuvre,
propriétaire de l'hôtel des Réservoirs.

MM. E. Mercier et Cⁱᵉ, propriétaires et négociants en
vins à Épernay, ont chargé M. Larcher de faire savoir à
la Commission d'organisation qu'ils mettaient à la disposition de la Municipalité tout le champagne qui serait
nécessaire pour la réception des officiers de l'escadre russe.

Cette offre, aussi gracieuse que patriotique, a été
acceptée et M. Larcher a été prié d'en informer les gé-
néreux directeurs de la maison E. Mercier et Cⁱᵉ, en leur
adressant les sincères remerciements de la Commission
et de la Municipalité.

Pendant le lunch, remise sera faite aux officiers
russes, par M. le Maire et le Conseil municipal, des
superbes albums dont nous avons parlé et dont nous
parlons encore plus loin.

Enfin, le départ aura lieu en chemin de fer par train
spécial. Donc, retour par les rues Saint-Pierre et Duplessis, à la gare rive droite vers 5 heures 1/2.

Pour que toutes les classes de la population aient part à la fête, il y aura le matin distribution extraordinaire de secours aux pauvres et aux vieillards, et, le soir, grand feu d'artifice sur la place d'Armes.

Enfin, sur la demande expresse de la Municipalité, les élèves des lycées et de toutes les écoles auront congé le lundi 23.

Un dernier mot relatif au pavoisement. Il est certain que nos concitoyens auront à cœur de décorer leurs façades et d'arborer force drapeaux français et russes.

Rappelons-leur que le drapeau jaune avec au centre le double aigle noir est le fanion particulier du Czar et que lui seul a le droit de l'arborer. Qu'on s'abstienne donc de le faire figurer dans la fête.

Les deux seuls pavillons à faire flotter sont : 1° le drapeau national russe qui porte les mêmes couleurs que le drapeau français mais disposées dans un autre ordre : le blanc, le bleu et le rouge placés horizontalement ; et 2° le pavillon de la marine russe qui est blanc avec deux rayures bleues en forme de croix de Saint-André.

.˙.

Et maintenant encore une fois bienvenue à nos hôtes ! Vive la Russie ! Vive la France !

Et Vive la République ! qui en refaisant la France grande et forte a su lui créer de précieuses amitiés et lui assurer de solides alliances !

Déjà les murs de la ville se couvrent de grandes affiches annonçant les réjouissances de la journée

du 23 octobre, lorsque tout à coup, dans ce ciel
sans nuage, éclate un coup de tonnerre formidable.

Les Russes ne viennent plus à Versailles.

Que s'était-il passé?

C'est ce que nous allons essayer de raconter avec
tous les détails que nous avons recueillis, à bonne
source, avec le plus grand soin et la plus complète
impartialité.

III

O *RUSSE*, QUANDO TE ADSPICIAM!...

Si jamais jeu de mots a trouvé son application,
c'est bien dans le cas présent, car ce n'est pas sans
démarches, sans ennuis de toutes sortes qu'il nous a
été donné de prouver aux envoyés de S. M. l'Empereur Alexandre combien la ville de Versailles était
heureuse de participer aux réjouissances officielles;
mais procédons par ordre.

Dès que l'escadre russe fut entrée dans le port de
Toulon, le Président de la République adressait au

Czar, en ce moment en déplacement au château de Fredensborg, la dépêche suivante :

Au moment où la belle escadre envoyée par Votre Majesté vient de mouiller dans la rade de Toulon, et où les braves marins russes entendent les premières acclamations que leur réservait le peuple français, j'ai à cœur d'adresser à Votre Majesté tous mes remerciements et de lui dire la joie sincère que j'éprouve en présence de ce nouveau témoignage des sympathies profondes qui unissent la Russie et la France.

                                        CARNOT.

A cette dépêche le Czar répondait par le télégramme qui suit :

A Monsieur le Président de la République,

                                        Paris.

En réponse à votre aimable télégramme, je tiens à vous exprimer tout le plaisir que j'éprouve de ce que notre escadre ait pu rendre la visite que les braves marins français ont faite à Cronstadt.

                            ALEXANDRE.

De son côté le Maire de Versailles, au nom de la ville, adressait à l'Amiral, commandant la flotte russe, le souhait de bienvenue suivant :

A Monsieur l'Amiral Avellan,

                                        Toulon.

La Municipalité de Versailles adresse à M. l'amiral

Avellan, aux officiers et marins de l'escadre russe son souhait de bienvenue à leur arrivée en France.

ÉDOUARD LEFEBVRE,
Maire de Versailles.

A cette dépêche, l'Amiral répondait ainsi :

Amiral russe à Maire de Versailles.

Avec tout mon cœur, je remercie la Municipalité de Versailles de son souhait de bienvenue, et d'avance je la prie d'agréer l'expression de toute ma gratitude pour la belle fête qu'elle prépare aux marins russes.

AVELLAN.

Le Maire de Versailles, qui avait à cœur de tenir les habitants au courant de tout ce qui se passait au sujet des fêtes, fit de suite apposer des affiches renfermant les deux dépêches dont nous venons de donner le texte.

Une autre affiche était en même temps placardée. En voici la teneur :

RÉPUBLIQUE FRANÇAISE

VILLE DE VERSAILLES

FÊTE FRANCO-RUSSE

CHERS CONCITOYENS,

La ville de Versailles a tenu à s'associer à la manifestation éminemment patriotique et pacifique qu'a provoquée dans toute la France l'arrivée des marins de l'escadre russe.

Les officiers de cette escadre viendront à Versailles le lundi 23 octobre.

Notre réception doit être à la hauteur de la sympathie que nous inspire un grand peuple ami.

Votre municipalité s'est efforcée de la préparer aussi digne que possible ; elle compte également sur l'initiative personnelle de tous les citoyens pour pavoiser et illuminer.

Je fais donc appel à votre patriotisme en vous conviant tous à donner à cette fête le plus grand éclat.

     Le Maire de Versailles,
     Edouard LEFEBVRE.

De toutes parts, des Comités se forment pour organiser la décoration des rues par où le cortège doit passer. C'est ainsi que les commerçants du quartier de la rue Saint-Pierre, MM. Rochette, Dupré, Marion, Binet, Rey, Renault, Aubert, Monrocq et Béquet, se réunissent sous la présidence de M. Quéro, conseiller municipal.

Ce Comité, à l'aide de souscriptions recueillies dans le quartier, va décorer et pavoiser la rue Saint-Pierre pour recevoir, avec l'éclat qu'il convient, les officiers de l'escadre russe.

Même empressement dans la rue de la Paroisse.

Là, le président est M. Sortais, président du tribunal de commerce, auquel on a adjoint M. Leroy, conseiller municipal, et ses collègues du quartier, MM. Gourdin, Marin, Sarton, Rabot, Dupay. MM. Flamand, Sorant, Lévy, Lasnier, Mauguin, Zay, Blin, Sicot, Lavane, Habert, Bamberger, Mauger, commerçants de la rue, et bien d'autres que nous oublions sans doute, sont chargés de recueillir les souscriptions qui devront être versées au trésorier.

Un certain nombre d'habitants de la rue Duplessis ont demandé à se joindre à ce Comité pour compléter l'ornementation de leur rue. Leur demande est immédiatement accueillie.

Et tout marche à souhait avec beaucoup de bon vouloir et de bonne humeur de la part de tous.

D'après l'affiche officielle, les officiers de l'escadre russe doivent arriver à Versailles le lundi, par train spécial, à deux heures précises, gare Duplessis.

Ils seront reçus par le Préfet M. Gentil et la Municipalité; vingt-sept landaus conduiront le cortège au Palais où aura lieu la réception des députés, sénateurs, conseillers généraux et fonctionnaires divers.

La visite du Palais, des Jardins, des Trianons suivra.

Les Grandes Eaux joueront.

Les officiers russes seront repris à la sortie du Parc par la Municipalité et se rendront à l'Hôtel-de-

Ville pour le lunch, dont voici la carte d'invitation
adressée à tous les personnages officiels :

« Le Maire de Versailles, les adjoints, les con-
« seillers municipaux prient M... de leur faire l'hon-
« neur de venir prendre part au lunch qui sera
« offert aux officiers de l'escadre russe, dans les sa-
« lons de l'Hôtel-de-Ville, le 23 courant, à 4 heures. »

Le Maire, la Municipalité et le Conseil auraient
désiré pouvoir inviter le plus grand nombre possible
de personnes à cette réception; malheureusement
l'exiguïté des salons de la Mairie contraint nos représentants à n'adresser que huit cents invitations.

Le lunch, servi dans la Galerie municipale, sera
fourni par l'hôtel des Réservoirs. Ainsi que nous
l'avons déjà dit, la maison Mercier, d'Epernay, offre
le champagne et enfin un de nos concitoyens, M. Desoyer, juge au tribunal de commerce, conseiller
municipal et distillateur à Saint-Germain, désireux
de donner une marque de sa vive sympathie pour
les marins russes, offre généreusement le punch et
toutes les liqueurs.

Quant à la décoration des salles de mariage, du
salon de Léda, de l'entrée et du grand vestibule
transformé en salons, ce sont les grands horticul-

leurs MM. Truffaut, conseiller municipal, et Duval qui s'en chargent. Inutile de dire qu'ils feront merveille.

Il n'est pas sans intérêt de donner ici, dans cet ouvrage, qui doit être surtout un livre documentaire, les noms des officiers qui ont accompagné, à Paris, l'amiral Avellan et qui viendront à Versailles avec lui.

État-major général :

L'amiral Avellan, les lieutenants de vaisseau Martinoff et comte Tolstoï, l'officier de navigation Smelsvy.

Officiers de l'*Empereur-Nicolas-Ier* :

Le capitaine de vaisseau Dicker; les lieutenants de vaisseau Solovieff, Jakovieff et Sergueef; le médecin Brandt; l'officier de navigation Jeodolieff; l'ingénieur-mécanicien Abraschkevitch; les lieutenants de vaisseau Stronsky et Zilotti; l'enseigne de vaisseau Nikitine; l'ingénieur des constructions navales Veschkaniztoh; l'enseigne de vaisseau Maximoff.

Officiers du *Souvenir-d'Azof* :

Le capitaine de vaisseau Ischoukchnine; les lieutenants de vaisseau Kraft, Rodionoff et prince Dolgoroukoff; les enseignes de vaisseau Semennta, Draguichevitch, Nikschitch et Strolmann; l'ingénieur-mécanicien Okholine.

Officiers de la *Rynda* :

Le capitaine de vaisseau Krieger; le capitaine de fré-

4

gate Siemman; les lieutenants de vaisseau Nobolsme,
Kiriakoff, Giers et Stezenkiff; l'enseigne de vaisseau
Kjezoousky et l'officier de navigation Filipporsky.

Officiers de l'*Amiral-Nakhimoff* :

Les lieutenants de vaisseau Vindgradoff, Rimsky,
Korsakoff, Boutuokiff, Bakhvisneff et Khomotlan?; les
enseignes de vaisseau Grégoroff, Grévenitz et Doukeisky;
l'ingénieur-mécanicien Podgoursky et le médecin Med-
vedeff.

Officiers du *Teretz* :

Le capitaine de vaisseau Laschtchinsky; les lieutenants
de vaisseau Seletzky, Ougrumoff, Aximoff et Issakoff;
l'officier de navigation Nokrolsky et l'ingénieur-mécanicien Miodejnikoff.

Déjà Versailles se pavoise, déjà les mâts s'élèvent
de tous côtés, déjà les couleurs russes et françaises
se marient agréablement dans nos rues, arborées à
toutes les fenêtres, et jusqu'à celles des mansardes;
c'est un succès certain.

Jamais encore notre ville n'a manifesté pareil et
si unanime élan; quand, le 17 au soir, la nouvelle de
la mort du maréchal de Mac-Mahon se répand de
tous côtés, jetant comme un voile de tristesse sur
l'enthousiasme général.

Au début et en dehors de la question purement
patriotique qui agitait en cette circonstance le cœur

de tous les Français, on s'émut peu, au point de vue
des fêtes russes, de la mort de celui qu'on appelait
le Maréchal, parce qu'on était très persuadé que les
obsèques n'auraient lieu qu'après le départ des officiers de l'escadre.

Mais soudain les choses changèrent de face, le
gouvernement décida, et à juste titre, que les funérailles seraient faites aux frais de l'Etat.

Toutefois, le gouvernement, très hésitant toujours
sur l'époque des funérailles, penchant plutôt vers
une date ultérieure, attendait encore pour se pro-
noncer définitivement, quand un télégramme du
Czar arriva, enjoignant à ses officiers de rendre les
derniers devoirs au glorieux soldat de Malakoff et
de suspendre toutes réjouissances.

Du coup, tout le programme fut bouleversé.

L'esprit, qui en France ne perd jamais ses droits,
fit dire à un sceptique dès qu'il connut le télégramme de l'empereur Alexandre : « Enfin, nous
sommes donc gouvernés ! »

Mais un mot, si spirituel fût-il, n'est pas fait pour
arranger les choses, et, d'un trait de plume, la fête
de Versailles fut supprimée par le gouvernement.

Cette nouvelle décision, connue chez nous dès le
vendredi soir, causa une consternation aussi générale que légitime, et cela se conçoit.

La municipalité n'avait rien négligé pour que la réception fût superbe; les habitants venaient de contribuer à la fête sans calculer; et tout cela était anéanti, et de cette réception qui s'annonçait si brillante, plus rien n'allait subsister!

Le maire de Versaille estima qu'il ne pouvait, sans protester, accepter une telle décision. Immédiatement il se mit en rapport avec M. Gentil, préfet de Seine-et-Oise, qui promit à M. Lefebvre de le seconder, dès le lendemain matin, dans les efforts qu'il se proposait de tenter pour faire rapporter la décision si malencontreuse du gouvernement.

Quoique très souffrant depuis plusieurs jours, M. Gentil n'hésita pas cependant à partir le samedi matin pour Paris avec M. Lefebvre et l'un de ses adjoints, M. Tissu. Entre temps, le maire de Versailles avait télégraphié au commandant Maréchal, l'un de nos officiers de marine les plus distingués, dont la mission consistait à assister l'amiral Avellan pendant son séjour à Paris.

Le commandant Maréchal avait donné rendez-vous au maire, à dix heures du matin, au Cercle militaire.

Un peu avant l'heure indiquée, ces messieurs se présentent au Cercle, où plutôt arrivent devant; mais, se trouver devant le Cercle, ne veut pas dire qu'on touche au but, car il s'agit tout d'abord de gravir l'escalier, et ce n'est pas chose commode.

Cet escalier est envahi; on monte une marche toutes les cinq minutes, quelquefois on est obligé de rétrograder; on se presse, on se bouscule au milieu de cette foule composée de généraux, de colonels et d'officiers de toutes armes groupés là sans distinction de grades. Ce n'est pas un escalier, disait M. Lefebvre, c'est l'échelle de Jacob.

Enfin, après mille et mille efforts, la députation versaillaise, perdue dans cette cohue, arrive au premier étage du Cercle où se trouvent, dans un des grands salons, l'amiral Avellan en conférence avec l'ambassadeur de Russie, M. de Mohrenheim.

Le maire de Versailles est reconnu là par un de nos concitoyens, M. le colonel Michel, qui, se doutant bien du sujet de sa visite, lui dit qu'il lui sera bien difficile de voir le commandant Maréchal littéralement débordé, mais il lui conseille d'attendre sur le palier la sortie de l'ambassadeur auquel pourra être exposée la requête. Le colonel Michel se montre personnellement très désolé de la suppression de la fête de Versailles.

Puis arrive le général Brunet, l'ancien colonel du 22ᵉ régiment d'artillerie et qui, en cette qualité, avait eu bien souvent des rapports avec notre maire

Le général partage les angoisses de la députation et ainsi que le colonel invite M. Lefebvre à ne pas bouger de l'endroit où il est, c'est-à-dire du palier.

On comprend aisément dans quel état d'esprit se trouvaient nos représentants ; pleins d'inquiétude, ils désespéraient vraiment de pouvoir arriver à un résultat, quand M. Lefebvre entendit tout à côté de lui une conversation entre un de nos officiers supérieurs et plusieurs officiers russes.

Le premier disait : « Je regrette vivement pour « vous, Messieurs, que la visite à Versailles soit « contremandée ; par son histoire, par son superbe « château, par ses jardins merveilleux, Versailles « avec les Trianons, devait être pour vous un vrai régal. »

Et les Russes d'appuyer cette appréciation ; l'un d'eux, un jeune homme, s'exprime ainsi :

« Oui, nous nous réjouissions de la visite à Ver- « sailles ; nous ne la faisons pas, nous sommes tous « fort désappointés. »

M. Lefebvre, il l'a dit depuis, sentit comme un baume qui venait à ce moment se répandre sur sa plaie, et ma foi, ajoute-t-il, au mépris de tous les usages, vu la circonstance exceptionnelle dans laquelle nous nous trouvions, je m'approchai du jeune officier russe et m'adressant au groupe :

« Messieurs, je vous demande pardon de me mêler
« à votre conversation ; je suis le maire de Versailles
« et à ce titre je suis tellement heureux, dans la
« crise que nous traversons, d'entendre l'éloge de
« notre belle cité et l'expression de vos regrets, que
« je ne puis résister au plaisir de vous remercier,
« vous tous qui plaidez si éloquemment notre
« cause. »

Immédiatement toutes les mains se tendirent vers
lui, ainsi que vers le préfet de Seine-et-Oise et
M. Tissu, que M. Lefebvre présente aux officiers de
l'escadre.

Mais voilà qu'une grande rumeur se produit ; le
colonel Michel s'approche vivement du maire et lui
dit : voici l'ambassadeur qui sort !

M. Lefebvre se précipite vers M. de Mohrenheim
que l'amiral Avellan reconduisait jusque sur le palier.

S'enhardissant jusqu'à s'approcher de l'ambassadeur au moment où celui-ci allait descendre l'escalier, il s'écrie :

— « Monsieur l'ambassadeur ?

— « Que me voulez-vous ?

— « Je suis le maire de Versailles ».

L'ambassadeur tend alors la main à son interlo-
cuteur ; mais tout de suite il lui fait comprendre, par
un signe de tête, que la partie est perdue.

— « Je suis on ne peut plus désolé de ce qui arrive, ajoute M. de Mohrenheim.

— « Mais, Monsieur l'ambassadeur, si vous saviez, c'est de la consternation dans Versailles !

— « Que voulez-vous ! Vous savez personnellement, Monsieur le maire, combien j'aime votre ville, puisque j'y fais un séjour chaque année, et s'il n'y avait que moi... mais un programme nouveau vient d'être adopté tant par l'ambassade que par le ministère des affaires étrangères, et il n'y a rien à y changer ».

Le maire, s'enhardissant encore, demande s'il n'y aurait pas possibilité de substituer le mardi au lundi ; quelques officiers seulement viendraient en détachement. M. le Président de la République les dispenserait, à coup sûr, volontiers, de l'audience de congé !...

M. de Mohrenheim secouait toujours la tête.

Insister davantage devenait indiscret. M. Lefebvre le comprit et s'inclina devant l'ambassadeur qui disparut.

Dans son trouble, M. le maire ne voyait pas l'amiral Avellan qui venait de reconduire M. de Mohrenheim et qui attendait à côté de lui que cet entretien si étrange eût pris fin.

— « Voici l'amiral à côté de vous, Monsieur le maire, dit tout bas M. Tissu.

M. Lefebvre le regarda alors d'un air profondément triste. L'amiral Avellan lui tendit les deux
mains et lui exprima ses regrets personnels de ne
pouvoir se rendre à Versailles par suite des résolu-
tions prises en dehors de lui, au-dessus de lui et
qu'il ne pouvait que suivre à la lettre.

A ce moment, le commandant Maréchal sort sur
le palier transformé pour la circonstance en salle
d'audience, et déclare à son tour qu'il n'y a rien à
faire.

— « Je ne suis pas assez *grosse légume*, dit-il,
pour faire changer le programme. »

Et le commandant est entouré tout de suite d'officiers, de journalistes et de solliciteurs.

L'un de ces derniers veut absolument faire visiter
la tour Eiffel aux Russes, pendant qu'un adjoint au
maire de Lyon fait de vains efforts pour obtenir une
audience qu'il sollicite sur place depuis vingt-quatre
heures!

Le préfet, le maire, l'adjoint redescendent « l'é-
chelle de Jacob » et gagnent enfin la rue où les attend
le fils d'un de nos conseillers municipaux, M. Leroy,
chargé d'apporter à Versailles la *bonne* nouvelle.

Or, la nouvelle est un désastre; le malheureux
jeune homme en devient blanc comme de la cire
vierge.

Cependant nos trois représentants ne se tiennent pas pour battus ; ils montent dans la voiture du préfet et fouette cocher au ministère de l'intérieur!

Ces messieurs arrivent à midi, au moment précis où, amère ironie! défilent tous les officiers de l'escadre invités à déjeuner par M. Dupuy, président du conseil.

M. Gentil se penchant à l'oreille du maire lui dit alors :

« Puisque voilà les Russes, regardons-les, nous n'aurons sans doute jamais l'occasion de les mieux voir !

« — Hélas! Monsieur le préfet! »

Et sur cette dernière parole ces messieurs se quittent et prennent rendez-vous pour trois heures avec l'espérance de pouvoir assister à la réception ministérielle qui suivra le déjeuner.

Au cours du repas, MM. Lefebvre et Tissu accumulent projets sur projets.

Allons chercher Hubbard, dit l'un ; courons chez Hamel, répond l'autre ; emparons-nous de Rameau.

Remuons ciel et terre s'il le faut, mais ne rentrons pas bredouilles à Versailles!

On ne sait que faire : les projets succèdent aux projets et finalement on n'aboutit à rien, quand simultanément la même pensée se fait jour dans leur esprit quelque peu troublé : « Allons donc au 129 de l'avenue des Champs-Elysées, chez notre ancien ambassadeur, M. de Laboulaye! »

Par un hasard des plus curieux, l'ancien ambassadeur de France à Saint-Pétersbourg a toujours joué, directement ou non, un rôle dans ce que nous appelons maintenant l'*Alliance russe,* et Versailles doit tout particulièrement s'en réjouir.

A deux heures, nos représentants ont la chance de trouver chez lui M. de Laboulaye qui, déjà au courant de l'aventure, exprime ses regrets et le peu d'espoir de faire aboutir le nouveau projet de fête reportée au mardi.

Cependant, en Versaillais dévoué, il n'hésite pas à accompagner le maire chez M. Dupuy et rendez-vous est pris pour trois heures au ministère sur ces paroles de notre ancien ambassadeur : « Nous ver- « rons si je me souviens encore de mon métier de « diplomate ». A l'heure indiquée, tout le monde est à son poste à l'exception de M. de Laboulaye. Déjà l'anxiété est peinte sur tous les visages, quand tout-à-coup celui-ci sort des appartements et annonce qu'il vient de négocier l'affaire en présence du ministre et de l'amiral. « Il est entendu, dit-il, que « neuf officiers de l'escadre russe viendront à Ver- « sailles mardi. Ils arriveront à 9 heures du matin

« et repartiront à midi 35 minutes. Vous voyez que
« je précise ».

Là-dessus, effusions chaleureuses, remerciements
bien sentis à M. de Laboulaye; on se tend les mains,
on les serre avec force, on se sépare. « Vite, retour-
nons à Versailles annoncer la bonne nouvelle! »

Enfin, ça y est!

Erreur, ces messieurs avaient compté sans leur
hôte, c'est-à-dire sans le ministre qui passe à ce
moment.

Le maire s'avance à sa rencontre et lui décline
ses titres.

« Mais tout est arrangé, il me semble, dit le mi-
« nistre; ces messieurs vont lundi à Versailles, »
et sans rien ajouter Son Excellence rentre dans les
salons.

Lundi!... Le préfet et le maire et l'adjoint se regardent sans comprendre; un quatrième, M. Hepp,
président du Conseil de préfecture qui venait de se
joindre à la députation, est également dans l'incapa-
cité absolue de pouvoir résoudre le problème.

Est-ce lundi? Est-ce mardi? Comment le savoir?
A qui s'adresser? Que faire?

Retourner au Cercle militaire, y attendre le commandant Maréchal qui doit, certainement, avoir des
ordres précis.

Et la députation, augmentée d'un membre de bonne volonté, disparaît bientôt dans la voiture préfectorale qui file vers le Cercle.

Là, après avoir gravi à nouveau « l'échelle de Jacob », plus encombrée que jamais, ces messieurs attendent l'arrivée du commandant Maréchal. Mais celui-ci est avec l'amiral au Cercle de l'escrime, c'est du moins ce qu'apprend M. Lefebvre de la bouche d'un des officiers.

— « Savez-vous quand il reviendra?

— « A cinq heures, probablement.

— « A cinq heures? reprend une autre personne, certainement non. Le commandant ne sera pas ici avant sept heures.

— « Dites plutôt, ajoute un troisième, qu'il ne reviendra pas au Cercle ce soir; le commandant est tellement fatigué, brisé, rompu, qu'il ira prendre un repos bien nécessaire avant de commencer la journée de demain consacrée aux funérailles du Maréchal! »

Et M. Lefebvre qui a convoqué d'urgence le conseil municipal pour huit heures à l'Hôtel-de-Ville!

C'est à en perdre la tête.

Cependant un grand parti est pris, M. Tissu restera jusqu'au lendemain matin s'il le faut, mais il ne

rentrera qu'avec la réponse du commandant. Le
maire escorté de M. Hepp revient à Versailles après
avoir décidé de correspondre par téléphone avec
M. Tissu et, afin d'éviter l'encombrement de la ca-
bine téléphonique de Versailles, c'est à M. Couturier,
ingénieur électricien, qu'on téléphonera. Le préfet
de Seine-et-Oise se sépare au Cercle du maire et de
M. Hepp. Arrivé à Versailles, M. Lefebvre est bien
vite reconnu ; rue Saint-Pierre, il ne peut plus avancer, tant il est entouré par la population avide de
nouvelles, anxieuse et désolée aussi. En peu de
mots, il raconte sa journée, donne de l'espérance à
tous et gagne à grand'peine le Cercle de l'avenue de
Saint-Cloud.

La scène de la rue se renouvelle au Cercle ; on in-
terrompt le piquet, le whist, la manille ; les caram-
bolages des billards s'arrêtent comme par enchan-
tement, tout le *Cercle* en forme *un autre* ayant pour
centre le maire.

Ce dernier, pour la dixième fois au moins depuis
son retour, recommence l'énumération des incidents
divers et termine en disant : « Nous n'avons
plus qu'à attendre le résultat que nous transmettra
M. Couturier ».

Immédiatement MM. Luce et Lamothe, membres
du Cercle, proposent de se porter et de rester en per-

manence chez l'électricien; cette proposition est
adoptée.

Fort heureusement, ces deux honorables citoyens
n'attendent pas longtemps, car avant sept heures du
soir ils reviennent triomphants, porteurs du message
téléphonique de M. Tissu. C'est bien le mardi 24
que les officiers russes viendront à Versailles, à
9 heures du matin.

En un instant le Cercle est abandonné, chacun
s'en va porter dans sa famille la bonne nouvelle et
tranquillement dîner, à l'exception du maire qui
n'oublie pas que le conseil municipal l'attend.

Ce qu'a été cette séance du conseil, on le devine.

Le maire, qui commence maintenant à connaître
par cœur les incidents survenus depuis le matin,
expose à ses collègues toutes les péripéties de cette
journée mémorable dont nous venons de donner les
détails précis et M. Tissu, de retour de Paris, qui
vient d'entrer en séance, résume son entrevue avec
le commandant Maréchal qu'il a enfin pu joindre.

On le voit, ce n'est pas sans peine qu'on est arrivé
à une entente; mais la patience et la bonne volonté
ont eu raison de tous les obstacles.

On décide alors d'appliquer sur les murs de la
ville un nouvel avis, puisque le premier est nul.
C'est enfin l'affiche définitive, en voici la teneur :

RÉPUBLIQUE FRANÇAISE

VILLE   VILLE
DE VERSAILLES   DE VERSAILLES

Mardi 24 Octobre 1893

À l'occasion de la visite à Versailles des officiers de

L'ESCADRE RUSSE

—▸—✦—◂—

Distribution extraordinaire de secours aux indigents

De 2 heures à 5 heures

GRANDES EAUX

Dans les Parcs de Versailles et de Trianon

KERMESSE SUR L'AVENUE DE SAINT-CLOUD

PAVOISEMENT & ILLUMINATIONS
DES MONUMENTS PUBLICS

À 8 heures et demie, sur la place d'Armes

GRAND FEU D'ARTIFICE

STAND DU MAIL, route de Saint-Cyr. — Ouvert toute la journée. — 25 cibles. — Tir au pistolet. — Tir au Sanglier. — Lance-Boules.

Le Maire de Versailles, Édouard LEFEBVRE.

Versailles.—Imp. V⁰ᵉ E. Aubert

Mais restent les invités du lunch convoqués pour
lundi à 4 heures; on décide alors de leur envoyer la
lettre suivante :

Versailles, le 22 octobre 1893.

M

Par suite des modifications apportées par le Gouvernement au programme des Fêtes officielles, la réception
des officiers russes à Versailles est reportée au Mardi
matin 24 courant.

Le lunch, offert par la Municipalité de Versailles, qui
devait avoir lieu le 23 Octobre, sera servi dans les salons
de la Mairie le MARDI 24, A ONZE HEURES ET DEMIE.

Veuillez agréer, Monsieur, l'assurance de mes sentiments distingués.

Le Maire de Versailles,

ÉDOUARD LEFEBVRE.

Le maire cependant désirait ardemment faire
participer dans la mesure du possible l'ensemble de
ses concitoyens à la fête municipale. Ne pouvant
inviter tout le monde au lunch, il voulut au moins
laisser visiter les salons de l'Hôtel-de-Ville après
le départ des officiers. Cette proposition est immédiatement adoptée et l'affiche qui suit sera placardée dès le lendemain sur les murs.

5

FÊTE
FRANCO-RUSSE

Le Maire de Versailles a l'honneur d'informer
ses concitoyens qu'à l'occasion de la réception des
Officiers Russes, les Salons de l'Hôtel-de-Ville
pourront être visités de 3 heures à 6 heures.

Versailles, le 23 octobre 1893.

Le Maire,
Edouard LEFEBVRE.

Et là-dessus, on se sépare pendant que la population versaillaise, à la devanture de la maison Rochette, rue Saint-Pierre, admire les magnifiques
livres de *Versailles et les Trianons* qui mardi matin
seront offerts aux officiers de l'escadre russe.

Et cependant tout n'était pas encore fini!

Le lendemain dimanche, à une heure de l'après-
midi, alors que M. Lefebvre goûtait tranquillement
en famille les douceurs d'un repos bien gagné, on
lui annonce M. le secrétaire particulier du préfet.

Aussitôt, le maire pâlit; il pressent quelque chose
et court au-devant du visiteur qui lui apprend,

profondément navré, que le préfet vient d'être mandé
par le Ministre de l'intérieur pour conférer avec
lui « de l'*impossibilité* dans laquelle se trouvent les
officiers russes de venir le mardi ».

La commotion fut si violente que tout d'abord le
maire resta quelques instants sans pouvoir prendre la
parole; puis il eut un véritable accès de désespoir.

Quoi! tant d'efforts perdus! tant d'espérances
trompées! tant d'argent dépensé, toute une population si enthousiaste, bernée, déçue!

Est-ce une gageure? est-ce une insulte qu'on veut
faire à notre ville? On n'a pas le droit de se moquer
ainsi de toute une population!

Enfin, reprenant peu à peu ses sens, M. Lefebvre
se rend à la mairie. Mais déjà la nouvelle court la
ville et les commentaires vont leur train.

Ils ne sont pas tendres pour Paris, cet accapareur
dont l'égoïsme devient par instants absolument in-
supportable et pour le Gouvernement vraiment trop
faible à son égard.

Mais l'heure n'est pas aux vaines récriminations.
Il faut agir.

Plusieurs de nos concitoyens, au nombre desquels
il convient de citer MM. Rey, Eté-Etienne, Rochette
et Monrocq, viennent proposer d'aller au Ministère
pour protester au nom du commerce versaillais.

Leur offre est acceptée. Ils partent. Le maire se
rend à son cabinet où déjà se trouvent MM. Mazinghien et Tissu.

Le premier dit qu'il faut téléphoner à tous ceux
qui, par leur situation, sont en état de pouvoir dé-
fendre Versailles sacrifié : à M. de Laboulaye, aux
députés, à M. Philippe Gille, etc., etc.

Le maire est de cet avis et M. Mazinghien court
au téléphone. Il revient à 3 heures 1/2, et quelle
n'est pas sa stupéfaction en entrant à la mairie de
trouver là M. Philippe Gille accompagné d'un de
ses amis.

Son étonnement fut si grand que ses premières
paroles furent celles-ci :

— Vous, Monsieur Gille, comment se fait-il que
vous puissiez être déjà ici?

— C'est bien simple. J'avais télégraphié ce matin
à mon ami Albert Terrade que j'arriverais à trois
heures vingt à Versailles afin de causer avec lui des
derniers événements qui m'intéressent un peu. Terrade est venu au-devant de moi à la gare et nous
voici tous les deux à la mairie, car je désire beaucoup faire la connaissance de M. Lefebvre. Terrade
a pensé qu'en raison des circonstances, M. le maire
devait sans doute être à la mairie vers laquelle nous
nous sommes immédiatement dirigés.

— Alors, vous ne savez ni l'un ni l'autre...

— Quoi donc ?

— Tout est à vau-l'eau, les Russes ne viennent plus !

C'est à ce moment que M. Gille entra dans le cabinet du maire où les présentations d'usage furent singulièrement abrégées. M. Gille se fit raconter les derniers incidents, on manda à la mairie le secrétaire particulier du préfet qui ne put répéter que ce qu'il savait, puis on ébaucha de nouveaux projets, et enfin on décida d'une action commune.

M. Gille se mit gracieusement à la disposition du maire qui lui demanda comme un service personnel de vouloir bien l'accompagner immédiatement au Ministère pendant que M. Mazinghien resterait en permanence à la mairie.

A quatre heures et demie, la nouvelle députation part pour prendre le train de la rive gauche et, dans leur trouble, les voyageurs montent en wagon oubliant de prendre leurs billets. Le train va partir, lorsque tout à coup M. Mazinghien fait irruption sur le quai.

— Descendez vite, tout est arrangé, les Russes viennent définitivement. M. le préfet vient de me le téléphoner.

Ce message téléphonique fut bientôt suivi de la dépêche suivante de M. de Laboulaye qui, encore une fois, sauvait la situation :

« Par une attention gracieuse de M. le Président de
« la République, la visite est maintenue. J'accompa-
« gnerai les neuf ou dix officiers qui viendront ».

Et cette fois les Russes vinrent !

Et Versailles les reçut avec un enthousiasme que
notre plume ne pourra certes pas rendre, mais que
nous allons nous efforcer de traduire du mieux que
nous pourrons.

IV

LA FÊTE DU 24 OCTOBRE 1893

La bonne nouvelle se répandit le dimanche soir
dans Versailles avec la rapidité de l'éclair; les pré-
paratifs commencés, mais interrompus par les nouvelles alarmantes et contradictoires, reprirent sur
tous les points et furent poussés avec une fébrile
activité, d'autant que dès le lundi matin, aux télégrammes particuliers adressés au maire de Versailles, vinrent se joindre des pièces officielles ne lais-

sant plus subsister le moindre doute dans les esprits.

Le préfet de Seine-et-Oise adressait, en effet, à M. Edouard Lefebvre les deux documents suivants :

PRÉFECTURE DE SEINE-ET-OISE   *Versailles, le 23 Octobre 1893.*

—

Cabinet du Préfet

MONSIEUR LE MAIRE,

Pour répondre au désir que vous m'avez exprimé dans votre télégramme d'hier, j'ai l'honneur de vous faire connaître que j'accorde un jour de congé pour demain mardi, 24, aux écoles du département, à l'occasion de la réception des officiers de l'escadre russe.

Agréez, etc...

Le Préfet de Seine-et-Oise,
Signé : GENTIL.

PRÉFECTURE DE SEINE-ET-OISE   *Versailles, le 23 Octobre 1893.*

—

Cabinet du Préfet

MONSIEUR LE MAIRE,

J'ai l'honneur de vous informer que l'administration de la Compagnie des chemins de fer de l'Ouest me fait connaître que le train spécial, mis à la disposition de MM. les officiers russes, qui partira de Paris (Saint-Lazare), à 8 heures 20 du matin, arrivera à Versailles à 8 heures 55, et que le train qui les ramènera à Paris, partira de la gare rive droite à midi 37.

Veuillez agréer, etc...

Le Préfet de Seine-et-Oise,
Signé : GENTIL.

On se remit à pavoiser avec une nouvelle ardeur, tout le monde s'en mêla; les décorations officielles et les décorations dues à l'initiative privée rivalisèrent d'élégance et de profusion.

Sur tous les points de la ville les fenêtres, de l'entresol aux mansardes, se garnirent de drapeaux. Quant aux rues désignées pour le passage du cortège elles disparurent au milieu des trophées, oriflammes, vergues et haubans, rattachés par des quantités innombrables de petits pavillons qui les sillonnaient en tous sens. De place en place, d'immenses banderolles d'andrinople portent des inscriptions telles que celles-ci : *Honneur à nos hôtes, Cronstadt, Toulon;* puis, échelonnés, les noms des cinq grands cuirassés de la flotte russe.

On remarque aussi plusieurs inscriptions en langue russe, telle celle placée devant l'entrée de la caserne d'artillerie de l'avenue de Paris; en un mot, c'est un débordement d'enthousiasme qui se manifeste de mille façons, plus ingénieuses et touchantes les unes que les autres et auquel participent toutes les classes de la population.

La journée du lundi ne suffit pas à terminer les travaux, on dut passer la nuit pour parfaire l'œuvre; mais aussi dès le mardi matin la ville était splendide, merveilleusement parée, telle qu'on ne l'avait jamais vue, digne en tous points de la fête inoubliable qui se préparait.

C'était quelque chose comme une *première* attendue anxieusement; la toile est encore baissée, mais on sent que tout le personnel est là, sur pied, et que dans un instant le régisseur va lancer d'une voix forte et sonore : Au rideau!

Pour le récit qui va suivre nous avons estimé qu'il était insuffisant de dépeindre ce que personnellement nous avions vu et ressenti.

C'est la fièvre de toute une population que nous essayons de fixer à jamais; pour y réussir, pour bien donner et faire vibrer le *la* du diapason, nous avons pensé que la meilleure façon de procéder était de réunir et de fondre en un tout les divers récits publiés dans la presse locale par les principaux acteurs ou spectateurs de la féerie.

Si nous ne prenons dans chacun des journaux de
Versailles que ce qui nous paraît le plus propre à
parfaire l'ensemble de notre tableau, nous devons
ajouter qu'il n'y eut nulle part la moindre note dis-
cordante ; tous ont dit la vérité, tous ont raconté ce
qu'ils ont vu et senti avec une bonne foi et une sin-
cérité à laquelle nous sommes heureux de rendre
hommage.

Notre récit est donc la vérité même, faite des
témoignages de tous. La moindre anecdote, le plus
infime détail en a été scrupuleusement contrôlé.

M. le maire de Versailles, chargé de recevoir les
officiers russes à leur arrivée, dépêcha l'un de ses
adjoints, M. Tissu, pour le représenter à Paris et
accompagner la députation.

Celui-ci monta dans le premier train du matin et
se rendit au Cercle militaire, où l'attendaient les
officiers faisant partie de la délégation.

Il prit le thé avec tous ces messieurs, dont l'accueil
fut des plus cordiaux, puis on s'installa dans les voitures qui se dirigèrent vers la gare Saint-Lazare.

Cependant Versailles, tôt levé, attend avec impa-
tience. Déjà, une foule considérable circule de tous
côtés. Des breaks, omnibus, carrioles, véhicules de
toutes sortes amènent les visiteurs de la banlieue.

A mesure qu'approche l'heure de l'arrivée, les curieux se massent sur le parcours du cortège. Une haie épaisse se forme sur les trottoirs de la rue Duplessis, de la rue Saint-Pierre, de l'avenue de Paris et principalement devant l'entrée de l'Hôtel-de-Ville.

Par surcroît de bonheur le temps est superbe, un fulgurant soleil resplendit dans le ciel d'une limpidité profonde et achève de mettre la joie dans tous les cœurs.

A huit heures et demie, la cour de la gare Duplessis, toute garnie de fleurs et pavoisée de drapeaux, est noire de monde.

Le salon de réception est somptueusement aménagé dans les salles d'attente dont les cloisons ont été enlevées. Tentures, verdures, tapis, crépines d'or, tout a été semé à profusion.

A neuf heures moins dix, le Préfet et le Maire de Versailles, les adjoints et le Conseil municipal arrivent en dix-huit landaus bien attelés, dont les cochers portent le brassard tricolore. Ils sont précédés et suivis d'un peloton de gendarmes et d'un autre de dragons, armés de lances à la flamme blanche et rouge.

Enfin, à neuf heures juste, le train spécial entre en gare. La locomotive, conduite par MM. Mergier et Marotte, mécaniciens et Graine, chauffeur, est ornée de drapeaux français et russes et garnie de fleurs.

Le train se compose de huit voitures, dont deux salons ; dans celle d'où descendent les officiers russes, on remarque force fleurs et un superbe portrait de l'Empereur Alexandre III, entouré de drapeaux.

La délégation était partie de la gare Saint-Lazare à 8 heures 20, saluée sur le quai par tout le haut personnel de la compagnie de l'Ouest : MM. Delarbre, vice-président du Conseil d'administration, et qui, à ce titre, est chargé de leur souhaiter la bienvenue ; Marin, directeur; Foulon, secrétaire général; Prolais et Chardon, chefs de l'exploitation ; Criesge, ingénieur-chef de la traction ; Dietze, commissaire général et ses deux adjoints, Lesbre et Moreau.

La salle d'attente est celle affectée aux voyageurs des grandes lignes de Normandie. Les murs sont tendus de velours et de brocard brodés d'or et partout des fleurs, des plantes rares, sont disséminées avec un goût exquis sur le passage qui conduit au train de luxe.

A l'heure précise le train s'ébranle, emportant à Versailles les neuf officiers russes à la tête desquels se trouve le commandant Krieger du *Rynda*, et avec eux, notre ancien ambassadeur, M. de Laboulaye; M. Tissu, adjoint au Maire de Versailles; M. Dufoix,

secrétaire général de la Préfecture de Seine-et-Oise;
MM. Gilly, inspecteur spécial; Dietze, Lesbre, Moreau, Foulon, Protaix, Chardon; Rapilly, chef de
cabinet du Préfet; les officiers français chargés
d'accompagner partout leurs camarades russes, et
enfin les représentants de la presse.

A Saint-Cloud, arrêt de quelques instants; M. Belmontet, le maire, prononce d'une voix chaude l'allocution suivante :

COMMANDANT,

J'ai une minute pour vous dire toute l'émotion profonde que la population de Saint-Cloud éprouve en ce
moment.

Parmi les souvenirs tant différents qui s'attachent à
Saint-Cloud, celui de votre passage effacera les plus
tristes et sera l'un des plus doux.

Vive l'Empereur de Russie! Vive la Russie!

Pendant que la foule applaudit, le Commandant
invite M. Belmontet à prendre place dans le train.
A Sèvres, arrêt de deux minutes; le docteur Midrin,
maire de cette ville, prononce les paroles suivantes :

MESSIEURS LES OFFICIERS RUSSES,

Vous avez bien voulu vous arrêter pour entendre les
manifestations sympathiques que nous désirions vous

adresser. Je vous en remercie! Au nom de la Municipalité, au nom de la ville de Sèvres et de son Conseil municipal, je vous salue!! Soyez les bienvenus parmi nous!

Si vos instants n'eussent été comptés, nous vous aurions montré notre grande Manufacture nationale de porcelaine, qui a porté dans l'univers entier le nom de Sèvres et de la France. Vous eussiez visit notre grande École d'enseignement supérieur pour les jeunes filles qui se destinent au professorat, et ici, à deux pas, dans un lieu désormais consacré au culte du patriotisme, les Jardies, où repose le cœur du grand français Gambetta!

Vous allez voir à Versailles la ville des grands souvenirs! Vous y rencontrerez l'accueil que la France entière est prête à vous faire, scellant ainsi l'amitié de deux peuples capables à eux seuls d'assurer la paix universelle!

Vive l'escadre russe!
Vive le Czar!
Vive la Russie!

Deux superbes bouquets ont été offerts aux officiers russes pendant que la population sévrienne, massée aux alentours de la gare, poussait des vivats enthousiastes!...

Ainsi que son collègue de Saint-Cloud, le docteur Midrin est invité par le commandant Krieger à prendre place dans le wagon.

Enfin, le train s'élance une dernière fois et il entre en gare à Versailles.

Dès que les officiers russes paraissent sur le quai, une émotion irrésistible s'empare de tout le monde, et c'est aux cris répétés de *Vive la Russie!* que ces messieurs pénètrent dans le salon de la gare où l'on remarque avec MM. Gentil, préfet de Seine-et-Oise, et Ed. Lefebvre, maire de Versailles : le général Quinivet, M. le lieutenant-colonel Bailloud, MM. Berteaux, Habert, Hubbard, Rameau, députés de Seine-et-Oise; Marel, sénateur, plusieurs conseillers généraux et d'arrondissement, le Conseil de préfecture, tous les conseillers municipaux de Versailles, les membres de la presse parisienne et versaillaise.

M. Gentil s'avance alors et prononce les paroles suivantes :

COMMANDANT,

J'ai l'honneur de vous présenter la Municipalité de la ville de Versailles. Ce n'est pas un simple devoir de courtoisie qu'elle remplit en se portant au-devant de vous, car, vous le savez, si la visite des officiers de l'escadre russe est partout désirée en France, c'est ici qu'elle était particulièrement souhaitée et impatiemment attendue.

M. Edouard Lefebvre, dit à son tour :

Monsieur le Commandant, Messieurs les Officiers,

Au nom de la ville de Versailles, je vous souhaite la bienvenue. Je vous remercie de nous avoir, en acceptant notre hospitalité, donné l'occasion de manifester nos vives et profondes sympathies pour la grande nation russe que vous représentez aujourd'hui parmi nous.

Puis tous les invités descendent de la salle d'attente par l'escalier du milieu : des fleurs, des plantes vertes en garnissent les murs. A peine arrivés au bas des marches, les officiers russes sont salués par les cris de : *Vive la Russie! Vive la marine russe! Vive la France! Vive le Czar! Vive la République!*

La musique du génie joue l'*Hymne russe*, puis *la Marseillaise* pendant que le cortège s'organise dans les landaus. Bientôt, il s'ébranle au petit trot par la rue Duplessis ; il est précédé d'un superbe peloton de gendarmerie à cheval commandé par un adjudant : les gendarmes fournis par les brigades de Versailles et des environs sont en grande tenue de parade, culotte blanche et chapeau en bataille. La première voiture, dans laquelle ont pris place le commandant Krieger, le général Quinivet, le Préfet de Seine-et-Oise et le Maire de Versailles, est escortée par un peloton de dragons; les officiers de la délégation, mêlés aux conseillers municipaux,

6

sont répartis dans les autres voitures; un peloton de
dragons ferme la marche.

Alors au milieu d'une haie de spectateurs, compacte, serrée, frémissante et d'où s'échappent cons-
tamment les vivats et les hourras, le cortège se dirige, en traversant l'avenue de Saint-Cloud, par la
rue Saint-Pierre et l'avenue de Paris, vers le château.

Toutes ces voies, dans le soleil où chatoient les
couleurs variées des pavillons russes et français
répandus à profusion, sont véritablement splendides
et il y a lieu de féliciter hautement la population
versaillaise d'avoir aussi bien et aussi artistement
fait les choses; il convient aussi de la remercier
d'avoir manifesté avec un enthousiasme dont elle
n'est pas coutumière.

L'avenue de Paris est noire de monde, et dès que
la dernière voiture est passée, c'est une véritable
mer humaine qui se rue vers la place d'Armes, laquelle en un instant est envahie ainsi que la cour
d'honneur du Palais.

Au moment où le dernier peloton de dragons
arrive au Château, il est suivi par un peloton du
5ᵉ chasseurs à cheval qui vient de Paris, où il a
figuré dans le carrousel et qui retourne à Ram-
bouillet,

Dans la cour de Marbre, la musique de l'École d'artillerie joue l'*Hymne russe* et *la Marseillaise*, tandis que le cortège est reçu par MM. de Nolhac et Lambert, conservateur et architecte du Palais et des Trianons, entourés de tout leur personnel en grande tenue et faisant la haie.

Guidés par le conservateur et l'architecte, les officiers russes font une rapide visite dans le musée. Ils traversent la galerie des Batailles, les salles du Sacre, des Gardes de la Reine, l'antichambre de la Reine, le salon et la chambre de la Reine, le salon de la Paix et pénètrent alors dans la magnifique galerie des Glaces, d'où les officiers, chaudement acclamés par la foule massée au parterre d'Eau, admirent la perspective de l'Allée Royale. Là, M. de Nolhac remet au commandant Krieger pour l'amiral Avellan une superbe coupe de Sèvres, don du Conseil général, ainsi qu'un magnifique Album contenant cinquante photographies des tableaux et œuvres d'art du musée de Versailles, offert par M. Paul, photographe. Le cortège reprend sa marche par le salon de l'Œil-de-Bœuf, la chambre de Louis XIV, la salle du Conseil, les salons de la Guerre, d'Apollon, de Mercure, de Mars, de Diane, de Vénus, de l'Abondance, et le grand salon d'Hercule.

Dans le vestibule de la chapelle, la tribune royale

est ouverte pour permettre aux visiteurs de jeter
un coup d'œil dans l'intérieur et l'on continue ensuite
le trajet par la galerie de sculpture pour pénétrer
dans les salles qui précèdent celles des campagnes
d'Afrique, de Crimée et d'Italie.

Là sont quelques toiles rappelant les faits d'armes
des guerres de Russie, la fameuse retraite d'Yvon,
la bataille de Tracktir et la prise des ouvrages
blancs couronnant Sébastopol.

« *Il y a de l'honneur partout* » dit un officier
russe. Et lui, ainsi que tous ses camarades, en passant devant le portrait voilé de crêpe du maréchal
de Mac-Mahon, s'inclinent avec respect.

De là on passe dans le salon de la Smalah, la salle
de Constantine pour descendre ensuite par la galerie de sculpture du rez-de-chaussée au vestibule de la
chapelle et gagner les jardins.

On remonte dans les voitures, non sans une certaine difficulté et la promenade à travers le parc
commence.

Dans la foule, c'est du délire. On s'accroche après
les voitures, on se hisse sur les marchepieds. C'est
à qui touchera la main des officiers russes, à qui
leur offrira des fleurs.

Le cortège contourne la Terrasse, passe au des-
sus du bassin de *Latone*, descend vers l'*Allée Royale*,

défile devant le bassin du *Phaëton*, remonte jusqu'à
celui de *l'Obélisque* et se dirige ensuite vers les
Trianons. Tout le monde descend de voiture dans la
cour du palais du Grand-Trianon que les officiers
russes visitent sous la conduite du colonel Roblastre,
régisseur, et de M. Lambert. On se rend ensuite au
Buffet dont la délicieuse décoration fait l'admiration
de nos hôtes. Les curieux serrent de près les officiers
et les sympathies se manifestent très individuelle-
ment. Cependant au moment où le cortège se
reforme pour s'en aller, une petite cohue se
produit, mais vivement la foule sait d'elle-même
faire respecter la consigne du parc et cela avec
tant de tact, de calme, de bonne volonté, que le
commandant Krieger, qui à ce moment causait
avec notre ami M. Maréchaux, lui dit : « Je suis
charmé de cette discipline volontaire et toute
flatteuse pour nous, qu'observe le peuple depuis
que nous sommes en France et ce qui se passe
ici me confirme l'impression que nous avons depuis notre arrivée. » Une jeune fille fait quelques
pas en avant de sa famille qui l'accompagne et
crie : « Vive la Russie ! » Aussitôt un officier russe
s'approche d'elle, ôte sa casquette, et embrasse
sur les deux joues la belle enthousiaste, qui reste
un instant rougissante et confuse de cette accolade

aussi inattendue que galante. On repart en voiture à travers la foule de plus en plus compacte
et sympathique, dans laquelle on remarque les
orphelins de Saint-Cyr avec leurs clairons sonnant
aux champs.

Entre l'école de natation et le bassin de *Neptune*,
les petites filles de l'école des sœurs de la rue des
Tournelles sont rangées. Dès l'apparition du cortège
elles crient : « Vive la Russie! Vive le Czar! » Le
commandant Krieger se découvre et dit : « Vivent
les bonnes sœurs! » puis il jette un bouquet de roses
blanches. — Pour les bonnes sœurs — ajoute-t-il.
Le bouquet a été remis à la sœur supérieure.

Au bassin de *Neptune,* une foule immense fait,
de nouveau, à la délégation de l'escadre russe, un
accueil des plus chaleureux : les acclamations couvrent les accents de la musique de l'École d'artillerie venue se placer dans l'hémicycle; on se presse
autour des voitures; on serre la main des officiers ;
une dame, au risque de se faire écraser, ne craint
pas d'escalader une des voitures et embrasse l'un
de nos hôtes.

C'est à ne plus reconnaître nos placides Versaillais et nos réservées Versaillaises.

Après avoir joui du merveilleux spectacle du jeu
des eaux du bassin de *Neptune*, le cortège sort du

parc par la grille du Dragon, remonte la rue de la
Paroisse jusqu'à la place du Marché, prend à droite le
chemin déjà parcouru par la rue Duplessis et l'avenue
de Saint-Cloud, où la foire d'octobre bat son plein.

Au coin de l'avenue et de la rue Saint-Pierre sur
le champ de foire, se trouve la baraque de Delille
qui exhibe cette année des groupes patriotiques
dénommés *les hommes de bronze*. Delille a eu l'heureuse idée de placer sur une estrade construite spé-
cialement un groupe de Russes et Français au
moment où le cortége défile.

Ces hommes immobiles et en tout semblables à
des statues excitent au plus haut point la curiosité
des officiers qui, devant l'immobilité rigide des
acteurs, croient avoir affaire à de grandes poupées
de cire.

Rue Saint-Pierre, un spectateur s'élance vers le
landau du commandant Krieger et lui remet un paquet ficelé avec une lettre. Le commandant remercie
et met le paquet dans sa poche. A l'arrivée à la Mairie,
il l'ouvre et trouve une somme d'argent qui, d'après
la lettre jointe, est destinée aux familles des marins
russes victimes du naufrage du vaisseau *la Roussalka*.

Il est midi moins le quart quand le cortège pénètre dans la cour de l'Hôtel de Ville. Les invités
au lunch attendent depuis un bon moment déjà.

Toutes les notabilités de la ville et du département sont là; l'élément militaire est représenté par les généraux Vivenot, président de la commission d'expérience des poudres; Vilette et Harel, du cadre de réserve; tous les chefs de corps et de services de la garnison et de nombreux officiers de tous grades.

Près de la grille se tient un groupe composé de dames appartenant à la Société de secours aux blessés et à l'Union des femmes de France, et de brancardiers des deux sociétés. La Société de gymnastique forme la haie à l'entrée de la cour, au milieu de laquelle est rangée en bataille la compagnie des sapeurs-pompiers.

Le clergé est représenté par l'évêque de Versailles, le pasteur protestant, le rabbin et de nombreux prêtres.

En face du perron est massée l'excellente musique du 1er régiment du génie que les officiers russes ont déjà entendue aux funérailles du maréchal de Mac-Mahon ainsi qu'à la réception du ministère des Affaires étrangères. Le cortège pénètre en voiture dans la cour de l'Hôtel de Ville dont les grilles ne sont ouvertes qu'aux invités du lunch. Immédiatement la musique du génie joue l'*Hymne russe* et la *Marseillaise*.

Aussitôt se détache du groupe des Femmes de

France, qui ont installé une ambulance dans le poste de police, Mme Stembach Alexieff, cousine du maire de Moscou; elle offre une superbe gerbe de fleurs au commandant Krieger et souhaite la bienvenue aux officiers russes dans la langue maternelle.

Ajoutons que nos sociétés de secours aux blessés, sur la demande du maire de Versailles, avaient organisé des ambulances : à la Mairie, à la grille du Dragon, au Grand-Trianon.

Les délégués des Comités, les médecins, les infirmiers et infirmières et les brancardiers désignés ont occupé ces postes, qu'ils ont pourvus de couchettes, de linge et de boîtes de secours. Fort heureusement aucun incident sérieux n'est survenu, mais cette mobilisation au pied levé a prouvé ce qu'on pouvait attendre de ces sociétés patriotiques.

Ici se place un incident aussi typique qu'inattendu.

Les voitures défilaient et allaient se ranger devant le perron de l'Hôtel de Ville. Mais, comme ce mouvement s'opérait lentement, les officiers russes purent apercevoir une mariée au bras d'un sous-officier, qui tous deux attendaient avec leurs parents qu'un adjoint pût venir procéder à leur union.

Exceptionnellement c'est la salle de la Justice de Paix qui sert de salle de mariage, car la mairie est exclusivement consacrée à la réception.

Les officiers voient avec étonnement ce cortège ; ils se renseignent et regardent avec intérêt.

Et alors, tout à coup, un des membres de la délégation qui vient de descendre de voiture se dirige vers les mariés.

Les bravos éclatent de toutes parts.

L'officier arrive devant la mariée, retire sa casquette et s'inclinant avec cette courtoisie et cette suprême élégance dont les Russes sont si fiers à juste titre, il baise la main de la jeune femme.

Mais cet acte de politesse et de déférence ne suffit pas à la foule ; immédiatement une voix lance ces paroles :

— Il faut l'embrasser.

Tout de suite l'officier russe est entouré des invités de la noce qui lui tendent les bras.

Seul le marié n'ose pas trop se mêler à ces démonstrations ; songez donc, il n'est que sous-officier, et c'est un supérieur qui est là devant lui !

Mais l'officier russe a bien vite compris pourquoi son inférieur hiérarchique reste froid, aussi que fait-il ? Il s'avance vers lui et l'embrasse aux applaudissements unanimes de la foule.

Véritablement pouvait-on mieux sceller et avec plus de simplicité l'alliance désirée ?

Aussi la mariée n'hésite plus ; elle relève son

voile blanc et elle tend ses deux joues à l'officier qui ne se fait pas prier pour l'embrasser, elle, les demoiselles d'honneur et toute la noce.

Le sergent Couzin, du 1ᵉʳ régiment du génie, et sa fiancée, Mˡˡᵉ Eudeline, garderont certainement toujours le souvenir de cet incident qui a eu comme conséquence immédiate de jeter une bonne humeur communicative sur tous les invités de l'Hôtel de Ville.

Dès l'entrée à la Mairie, le déjeuner officiel commence. Dans la salle du premier étage, ancienne salle du Conseil municipal, une table carrée de 40 couverts a été dressée. Autour des quatre présidents, MM. le Maire de Versailles, le Préfet de Seine-et-Oise, le général commandant la place et le président du Conseil général, sont groupés, outre les officiers russes, MM. le général Vivenot, de Courcel, Decauville, Hamel et Godin, sénateurs; Amodru, Argeliès, Berteaux, Brincard, Gauthier, Habert, Hubbard, Lebaudy, Rameau, députés; de Laboulaye, ancien ambassadeur; Goux, évêque; Paisant, président du tribunal civil; Chrétien, procureur de la République; Sortais, président du tribunal de commerce; les officiers français composant l'escorte; Dufoix, secrétaire général; le docteur Broussin, vice-président du Conseil d'arrondissement; Bart, doyen du Conseil municipal.

Voici le menu de ce déjeuner, menu substantiel et exquis, et service on ne peut plus lestement enlevé. M. Grossœuvre, propriétaire de l'hôtel des Réservoirs, en était l'organisateur; c'est tout dire.

Hors-d'œuvre : Beurre, Céleri, Kilkis.
Truites fumées de Norvège.
Turbot sauce Ravigote.
Poulets aux Artichauts et Truffes.
Filet de Bœuf à la Duchesse.
Faisans et Perdreaux.
Salade de Légumes.
Bombe au Kirsch.
Dessert.
Vins : Médoc et Pouilly, Xérès,
Malescot-Margot,
Volnay, Champagne Mercier.

Et pendant que les officiers se restaurent, que le maire de Versailles regarde si tout marche à souhaits, que les garçons de l'hôtel des Réservoirs servent et desservent, un indiscret, comme il y en a toujours, surprend la conversation suivante dont nous garantissons l'authenticité.

A l'une des tables se trouve un député ayant à sa droite un jeune officier russe, à sa gauche un conseiller municipal.

— C'est égal, dit le député s'adressant à l'officier, cela doit commencer à vous fatiguer ces réceptions continuelles, ces déjeuners, ces dîners dont vous êtes littéralement accablés.

— Nous ne nous plaignons pas, répond, en un français des plus clairs, l'officier russe; tout d'abord, nous sommes partout si bien reçus! et puis ensuite, il faut le dire, nous n'assistons pas à toutes les réceptions.

— Alors, c'est différent, reprend le député.

— Oui, il y a eu un roulement établi entre nous, et s'il était exécuté à la lettre...

— Il ne l'est donc pas?

— Pas toujours!

Et ajoutant avec malice :

— Il y a aussi chez nous, comme dans les régiments français, des tireurs...

— Au grenadier! achève vivement le conseiller municipal, qui, se penchant alors vers le député, lui demande à voix basse :

— Êtes-vous bien sûr que celui-là soit Russe?

Le fait est que, pour connaître aussi bien les finesses de notre langue familière, le jeune enseigne devait être venu plus d'une fois déjà à Paris !

Le déjeuner continue joyeux.

Au dessert M. le Préfet porte le toast suivant :

MONSIEUR LE COMMANDANT,

Avant que M. le maire de Versailles vous salue dans le palais municipal, au nom de la ville qui vous fête aujourd'hui, au nom du gouvernement de la République, je porte un toast à Sa Majesté Alexandre III, à Sa Majesté l'Impératrice et à la famille impériale de Russie.

Le maire de Versailles, en levant son verre, dit alors :

Je bois à M. l'amiral Avellan, aux vaillants officiers de son escadre, à la marine russe tout entière. A la paix, but suprême de l'union de la Russie et de la France.

A la santé de S. M. le Czar Alexandre III, à celle de la très gracieuse Czarine et de toute la famille impériale de Russie.

Vive le Czar! Vive la Russie!

Le commandant Krieger répond en s'écriant : « Vive la France! » et en levant son verre à la santé de M. le Président de la République.

Pendant ce temps, les sept cents invités de la municipalité dégustent dans la galerie municipale l'excellent lunch que voici :

Consommé de Volaille.
Sandwichs.
Petits Pains au Foie gras.
Croustades à la Russe.
Pièces de Pâtisserie : Brioches Mousselines.
Babas, Plumcakes.
Petits Gâteaux variés.
Petits Fours.
Glaces variées.
Café glacé.
Corbeilles de Fruits.
Café, Thé, Chocolat.
Médoc en carafes.
Champagne (offert par la Maison Mercier).
Punch (offert par M. Desoyer).
Bière (offerte par M. Mirand).
Liqueurs : Cognac Martel, Chartreuse.
Eau-de-Vie russe Popoff.
Kümmel de Riga.

Les vases de Chine qui ornaient la table avaient été prêtés gracieusement par Mme Ogez.

On remarque aussi sur la même table les vingt-quatre carafes artistement décorées et portant gravés les noms des principaux officiers et fonctionnaires ayant pris part à la fête.

Les salons de la Mairie sont vraiment somptueusement aménagés et décorés et il y a lieu d'en féliciter MM. Imbault, ingénieur de la ville, Josse, secré-

taire général, à l'amabilité duquel nous devons bien
des renseignements contenus dans cet ouvrage ;
Béga, tapissier ; Duval, Truffaut, père et fils, enfin,
dont les merveilleuses corbeilles d'orchidées ont fait
l'admiration de tous les visiteurs.

A midi quarante, les convives du déjeuner descendent prendre le café à la table du lunch. Des
toasts et des santés sont encore portés, puis M. le
Maire de Versailles fait les honneurs de l'Hôtel de
Ville à nos hôtes qui admirent tout d'abord les magnifiques décorations du vestibule transformé en
salon, avec, au-dessus des portes, de grands car-
touches portant les noms des cinq navires de l'escadre russe, la galerie municipale et ses magnifiques boiseries sculptées, et le salon de Léda, la
merveille de notre maison commune.

Dans la petite pièce ronde suivante tendue d'étoffe
crème, M. le Maire offre à ses hôtes, au nom de la
ville de Versailles, les magnifiques volumes, œuvre
de M. Philippe Gille, ornés des belles illustrations
de MM. Sadoux et Prodhomme, ainsi qu'un très
beau tableau du peintre Henry Le Roy, *le Bassin de
Neptune*, offert par l'artiste au nom de l'*Association
artistique et littéraire* et de son président M. Bos-
quet.

L'Association artistique et littéraire tenait à re-

mercier l'Empereur de Russie de sa participation,
— un don de mille francs, — à l'érection de la statue
de notre grand sculpteur, Jean Houdon.

Le Vice-Président de l'Association, le poète
Auguste Jehan, remet au commandant Krieger, ainsi
qu'aux autres officiers, la pièce de vers suivante :

STANCES AUX OFFICIERS DE L'ESCADRE RUSSE

Avant de retourner dans votre beau pays
Conduits par nos clameurs qui répondent aux vôtres,
Oh! regardez encor nos murs épanouis
Où flottent vos drapeaux s'inclinant sur les nôtres.

Car ils ont tous frémi dans un même frisson ;
Car nos cœurs ont battu, nos mains se sont serrées ;
Car nous avons chanté nos chants à l'unisson :
Nos âmes se cherchaient et se sont rencontrées !

Avez-vous vu planer dans le ciel de Paris
L'ange aux ailes d'azur, l'ange de l'Espérance ?
Il unissait parmi les vivats et les cris
L'âme de la Russie à l'âme de la France!

Avez-vous entendu, dans le bruit du tambour,
La Paix, raffermissant son noble diadème,
Entonner sur vos pas son grand hymne d'amour
Dont nous avons ensemble écrit le beau poème ?

Après Toulon, Paris, cités aux mille voix
Dont le peuple enivré vous a fait une escorte,
Versailles, aujourd'hui, vous met sur le pavois :
Son cœur est aussi grand, sa voix est aussi forte.

7

Dans le patriotique et superbe concert
Où tous les cœurs français ont battu la mesure,
Versailles prend sa place et, le front découvert,
Fait entendre, à son tour, sa note la plus pure.

A la sainte amitié de deux puissants Etats
Notre ville, de cœur et d'âme s'associe :
Elle boit au grand Czar, à ses vaillants soldats,
Et porte la santé de toute la Russie !

Auguste JEHAN.

Versailles, 24 octobre 1893.

Les officiers russes remercient avec effusion, puis, après avoir reçu une délégation des Femmes de France et de la Société de la Croix-Rouge, ils se dirigent vers les landaus rangés dans la cour et qui doivent les reconduire au chemin de fer.

Il est une heure passée; mais, entre temps, le Maire a obtenu un répit de la compagnie de l'Ouest qui, fort gracieusement, s'est mise à la disposition des officiers.

La musique du génie n'a cessé de se faire entendre pendant toute la fête.

Les pompiers ont rendu les honneurs dans la cour de la Mairie.

Enfin, l'heure de la séparation est arrivée. Le cortège se reforme et on reprend la route de la gare.

L'enthousiasme de la foule est arrivé à son pa-
roxysme. C'est sous une pluie de fleurs et dans une
acclamation unanime, qui semble n'être qu'un seul
et même cri, colossal, surhumain, qu'on atteint la
gare Duplessis.

Les fenêtres, les toits, les arbres, sont noirs de
monde, et les mouchoirs sont agités et les chapeaux
se lèvent et les mains se tendent. Les mots man-
quent véritablement pour peindre de tels spectacles.

Au sortir de l'Hôtel de Ville, un groupe de mani-
festants crie à tue-tête :

Vive l'Amiral!

— Amiral! c'est trop d'honneur, rectifie le commandant Krieger. Je ne suis que capitaine de
vaisseau.

— Cela viendra, j'en suis sûr! dit M. le Maire.

— J'en accepte l'augure, répond en souriant le
chef de la délégation.

A la gare ont lieu les adieux officiels.

— « Tous nos camarades regretteront de n'avoir
« pas été de la visite de Versailles! » dit le commandant visiblement ému.

Puis on se dirige vers le train. Le commandant
monte dans son wagon, le Maire l'accompagne.

Mais tout à coup un coup de sifflet a retenti, c'est
le signal du départ; à ce moment, une émotion sem-

blable et réciproque s'empare et de l'officier et du
Maire, c'est l'étincelle électrique qui court dans
les veines de ces deux hommes hier étrangers l'un à
l'autre, aujourd'hui liés à jamais par ces quelques
heures de vie si profondément intense, cet échange
de sympathies communes, l'existence désormais
établie de communs et précieux souvenirs.

Et sans dire mot, tous deux s'étreignent et s'embras-
sent, tandis que leurs yeux se mouillent et que tous
les spectateurs frémissent à cette accolade qui scelle
une fois de plus l'alliance tant souhaitée et si grosse
de réconfort et d'espoir.

Mais le train siffle à nouveau, s'ébranle, « Au re-
voir! Bon voyage! Vive la Russie! »

Et c'est fini.

Mais si la fête officielle est terminée, Versailles n'a
rien perdu de son animation.

Rendant compte de cette fin de journée, le *Journal
de Versailles* s'exprime ainsi :

« De toutes parts, les camelots vont et viennent
vendant les insignes, psalmodiant les chansons
franco-russes et faisant de superbes recettes.

« La foire de l'avenue de Saint-Cloud a attiré et
retenu un nombreux public. Les forains avaient du
reste fort bien pavoisé leurs baraques. Les hommes
de bronze, qui avaient, au passage du cortège, re-

présenté divers groupes patriotiques fort ingénieu-
sement conçus, et recueilli pour cela de vifs applaudissements, ont eu la faveur de la foule. Les chevaux
de bois, jouant l'*Hymne russe*, ont regorgé de
monde.

« Au kiosque Barascud, la musique municipale,
sous la direction de M. Lejeune, et la Société or-
phéonique, sous celle de M. Zay, ont exécuté les meilleurs morceaux de leurs répertoires : la *Marseillaise*, *Amour sacré de la Patrie*, l'*Hymne russe*, ont
été acclamés.

« Mais ce qui est surtout le plus goûté de la population, c'est la visite des salons de la Mairie. Par une
excellente pensée qui associait la ville entière à la fête,
le Maire les avait ouverts au public de 3 à 6 heures.
Et de 3 à 6 heures plus de trente mille personnes y
ont défilé. Inutile de dire que M. Lefebvre, qui a
tenu à demeurer en permanence à la Mairie jusqu'à
la fin, a été remercié et acclamé par la foule à
maintes reprises.

« Le soir, la ville s'illuminait. Non seulement les
édifices publics, mais nombre de maisons particu-
lières brillaient de mille feux multicolores. Les
flammes de bengale, les foyers électriques s'irra-
diaient de toute part. Les ballons jaunes, bleus,
blancs, rouges, aux armes du Czar, piquaient en

maints endroits la nuit. Le champ de foire était un véritable parterre de feux.

« Le quartier Saint-Pierre, dont les habitants — et parmi eux il convient de citer tout particulièrement MM. Quéro, Rochette, Marion, Rey, Dupré, Renault, etc., qui se sont vraiment multipliés — ont réalisé de vraies merveilles de décorations, la rue Saint-Pierre notamment flamboyait comme un incendie gigantesque.

« Bref, l'entrain, le concours de la population se manifestent jusqu'au dernier moment.

« A 9 heures, un magnifique feu d'artifice, dont la pièce principale représentait l'alliance franco-russe, sous la forme de deux marins se donnant la main, était tiré sur la place d'Armes devant un public énorme.

« Jusqu'aux derniers trains, les gares regorgeaient de monde.

« On évalue à plus de 60,000 le nombre des étrangers venus à Versailles.

« Constatons que le service d'ordre a été assuré aussi bien qu'il est possible en pareille circonstance par M. le commissaire central Boissière et ses dévoués collaborateurs et qu'aucun accident — chose presque incroyable dans une pareille foule — ne s'est produit.

« Comme note finale, rappelons que le matin une
distribution extraordinaire de secours avait été faite
aux indigents et que tous les reliefs du lunch ont été
portés aux vieillards de la Maison de Providence et
aux enfants de l'Orphelinat que la Municipalité a
tenu à associer à la fête dans la plus large mesure
possible.

« Et maintenant, crions une dernière fois et assez
haut pour que l'écho en arrive à nos hôtes
jusqu'en pleine mer : Vivent les marins russes!
Vive la Russie!

« Et joignons à ces cris de sympathie ceux du loya-
lisme patriotique :

« Vive la France! Vive la République ! »

C'est à nos lecteurs qu'il appartient de juger en
dernier ressort !

N'aurait-il pas été regrettable à tous les points de
vue de ne pas avoir à Versailles la visite officielle
de l'escadre russe?

Ainsi que nous l'avons dit au début de ce livre :
par son passé, par son histoire, Versailles était dé-
signée pour recevoir les hôtes de la France ; — par
son patriotique enthousiasme, elle a montré qu'elle
en était digne.

Quant à la presse locale, nous n'avons pas à la
remercier, car tout ce chapitre est son œuvre,

composé surtout d'extraits de l'*Echo de Versailles,*
du *Petit Versaillais,* du *Journal de Versailles* et
du *Courrier* unis dans une seule pensée : Patriotisme.

Ajoutons que le *Petit Versaillais* a envoyé au maire
de Versailles un exemplaire de son numéro du 29 octobre 1893 relatant les fêtes, imprimé en lettres d'or.

V

ÉPILOGUE

Les Russes sont partis; la fête est terminée; les
derniers lampions sont éteints; Versailles rentre
dans le calme et de toutes ces émotions, de toutes
ces démonstrations, de toutes ces anxiétés et de
toutes ces joies, il ne reste plus qu'un souvenir; mais
un souvenir impérissable, et la fierté d'avoir, en
ajoutant une page nouvelle à nos fastes versaillais,
contribué à la manifestation grandiose de la France

entière en l'honneur de nos amis, de nos alliés, de nos frères d'armes.

Le 26 octobre, M. le Maire de Versailles adressait à M. le colonel Michel, qui avait antérieurement montré tant de sympathie à la population versaillaise, la lettre suivante :

Le Maire de Versailles à Monsieur le Colonel Michel,
Cercle Militaire Paris.

Versailles, le 26 octobre 1893

MONSIEUR LE COLONEL,

Vous avez bien voulu vous mettre gracieusement à ma disposition pour assurer l'expédition des souvenirs offerts par la Municipalité aux officiers de l'escadre russe.

J'ai l'honneur de vous faire remettre par un commissionnaire qui restera à vos ordres, trois colis :

1° Un album dans un écrin offert par la Municipalité et un tableau offert par l'Association artistique et littéraire de Versailles à l'adresse de M. l'amiral Avellan ;

2° Cinq albums pour les bibliothèques des navires de l'escadre russe, aux armes de la ville, avec le nom du vaisseau au-dessous ;

3° Cinquante albums pour les officiers qui sont venus à Paris.

Veuillez agréer, Monsieur, avec mes sincères remerciements, etc.

Le Maire de Versailles,
Signé : Ed. LEFEBVRE.

Le mercredi 25 octobre, M. Edouard Lefebvre recevait de l'amiral Avellan l'invitation suivante qui, en dehors de la marque de courtoisie donnée par le chef de l'escadre russe, montrait à quel point les fêtes de Versailles avaient été au cœur de nos hôtes :

« Le contre-amiral Avellan, les commandants et « les officiers de l'escadre impériale de la Méditer-« ranée ont l'honneur d'inviter M. le Maire de Ver-« sailles à la matinée dansante qui sera donnée à « Toulon, le samedi 28 octobre 1893, à bord du croi-« seur le *Pamiat-Azowa*, à deux heures après-midi, « aux appontements de Castigneau. »

A cette invitation, M. Lefebvre répondait immédiatement :

Maire Versailles à Monsieur l'Amiral Avellan,
Toulon.

(Dépêche télégraphique)

Le Maire de Versailles a l'honneur d'accuser réception à Son Excellence l'amiral Avellan des invitations qu'il lui a fait l'honneur de lui adresser pour la matinée dansante qui sera donnée à Toulon le 28, à bord du croiseur le *Pamiat Azowa*. Il le prie d'agréer ses sincères remerciements et l'expression de sa haute considération.

Edouard LEFEBVRE.

Le 28 octobre, celui-ci adressait enfin à l'amiral Avellan la dépêche que voici, concernant les cadeaux offerts par la Ville de Versailles et les membres de l'Association artistique et littéraire :

Maire Versailles à Monsieur l'Amiral Avellan,
Toulon.

(Dépêche télégraphique)

28 *octobre* 1893.

Ont été remis aujourd'hui au Cercle militaire de Paris : un album des vues de Versailles et une peinture que j'ai l'honneur de vous prier de vouloir bien accepter comme souvenir de la visite des officiers de votre escadre à Versailles. Sont joints cinq albums pour les bibliothèques de vos navires et cinquante autres pour vos officiers.

Signé : Edouard LEFEBVRE.

Les unanimes manifestations qui se sont produites sur le sol français nous autorisent à publier les dernières dépêches échangées par les représentants des deux grandes puissances, Russie et France : Versailles a contribué au succès des fêtes de la paix, Versailles doit donc en conserver précieusement les gages.

Nous publions ces documents sans commentaires, ils sont suffisamment explicites par eux-mêmes et nous les considérerons comme l'épilogue officiel des événements qui viennent de se dérouler.

On sait que le Président de la République, après les fêtes de Paris, s'était rendu à Toulon pour saluer la Flotte russe à son départ.

Au moment de monter dans le train qui allait le ramener à Paris, M. le Président de la République recevait la dépêche suivante du Czar de Russie :

« Gatschina, 27 octobre, 11 h. 35 s

« *A Son Excellence Monsieur le Président*
« *de la République française, Paris.*

« Au moment où l'escadre russe quitte la France,
« il me tient à cœur de vous exprimer combien je
« suis touché et reconnaissant de l'accueil chaleu-
« reux et splendide que nos marins ont trouvé par-
« tout sur le sol français.

« Les témoignages de vive sympathie qui se sont
« manifestés encore une fois avec tant d'éloquence
« joindront un nouveau lien à ceux qui unissent nos
« deux pays et contribueront, je l'espère, à l'affer-
« missement de la paix générale, objet de leurs
« efforts et de leurs vœux les plus constants.

« ALEXANDRE. »

La réponse du Président de la République, adressée de Paris à l'Empereur de Russie, est ainsi conçue :

« Paris, 29 octobre 1893.

« *A Sa Majesté l'Empereur de Russie*
« *à Gatschina.*

« La dépêche dont je remercie Votre Majesté
« m'est parvenue au moment où je quittais, à Tou-
« lon, pour rentrer à Paris, la belle escadre sur la-
« quelle j'ai eu la vive satisfaction de saluer le pa-
« villon russe dans les eaux françaises.

« L'accueil cordial et spontané que vos braves
« marins ont rencontré partout en France affirme,
« une fois de plus, avec éclat, les sympathies sin-
« cères qui unissent nos deux pays. Il marque en
« même temps une foi profonde dans l'influence
« bienfaisante que peuvent exercer ensemble deux
« grandes nations dévouées à la cause de la paix.

« Signé : CARNOT. »

Ces deux télégrammes, nous le répétons, sont un digne couronnement des fêtes que nous venons de traverser ; c'est l'affermissement de l'union des nations française et russe ; les termes mêmes de ces

deux dépêches ne laissent désormais aucun doute ;
contre la Triple-Alliance, dont les vues sont plutôt
belliqueuses que pacifiques, nous avons aujourd'hui
l'entente franco-russe ne visant qu'un unique but :
la paix générale.

Enfin, le Préfet de Seine-et-Oise adressait à M. le
Maire de Versailles la lettre suivante :

« Versailles, le 30 octobre 1893.

« Monsieur le Maire,

« J'ai l'honneur de vous informer que M. le Ministre des Affaires étrangères a reçu de M. l'Ambassadeur de Russie le télégramme suivant :

« L'Empereur vous charge d'être l'interprète de
« sa sincère gratitude auprès des organes du gou-
« vernement ainsi que près des représentants de
« toutes les classes de la société qui ont participé à
« la brillante et cordiale réception de l'escadre
« russe en France. Sa Majesté est très touchée des
« sentiments de sympathie et d'amitié si admirable-
« ment témoignés en cette circonstance.

« Signé : GIERS. »

« Agréez, Monsieur le Maire, etc.

« *Le Préfet*, Signé : GENTIL. »

Aussitôt après le départ des Russes, tous les
membres du Conseil municipal pensaient qu'il était
du devoir des représentants de la Ville de remercier M. le Maire de Versailles et M. le Préfet de Seine-
et-Oise des efforts qu'ils avaient faits lors de l'organisation des fêtes.

Un banquet fut offert à ces messieurs à l'hôtel des
Réservoirs.

Tous les conseillers étaient présents à l'exception
de MM. Bertrand et Dupay, empêchés par indispo-
sition et qui avaient tenu à manifester leurs vifs regrets.

Au dessert, M. Victor Bart, qui comme doyen
d'âge présidait, a pris la parole en ces termes :

Messieurs,

Au titre de doyen d'âge du Conseil municipal et à la
désignation unanime de mes collègues, je dois le grand
honneur d'être appelé à la présidence d'un banquet qui
réunit le Conseil tout entier.

C'est surtout quand on arrive, comme moi, à la fin
de la vie, que l'on se trouve très heureux de recevoir un
tel témoignage d'estime.

Notre banquet de ce soir forme, pour ainsi dire, le
complément des fêtes franco-russes. Ces fêtes sont
venues fort à propos pour faire ressortir, de la manière
la plus accentuée, le dévouement de notre excellent Maire

à la ville qu'il administre si bien et avec tant de sollici-
tude.

M. le Préfet, qui nous fait l'honneur d'assister à notre
réunion amicale, a aidé de tout son pouvoir, avec un
empressement dont nous lui sommes infiniment recon-
naissants, à l'heureuse issue des démarches effectuées
par la Municipalité.

Tout cela appartient désormais à l'histoire de notre
belle ville.

La présence des officiers russes à Versailles a permis
à nos concitoyens de concourir à la chaleureuse manifestation des sentiments de cordiale sympathie de la
France pour la Russie.

J'ai l'agréable mission d'exprimer à M. le Maire, ainsi
qu'à M. le Préfet, les plus vifs remerciements du Conseil
municipal pour le véritable succès qu'ils ont su obtenir.

Aussi est-ce avec la certitude d'être l'interprète fidèle
de ses sentiments que je porte un toast à M. Edouard
Lefebvre, maire de Versailles, qu'en toutes circonstances
nous sommes toujours sûrs de trouver si dévoué aux
intérêts et au prestige de notre cité; à M. Gentil, préfet
de Seine-et-Oise, qui, dès son arrivée dans le département, a marqué, d'une façon qu'il nous est précieux de
constater, son intention évidente d'unir ses efforts à ceux
de la Municipalité, pour le plus grand profit moral et
matériel de populations si profondément dévouées à la
France et à la République!

Après ce toast, qui est chaleureusement applaudi,
M. Edouard Lefebvre prononce les paroles suivantes:

8

Mes chers Collègues,

Je suis touché et reconnaissant plus que je ne saurais l'exprimer de la marque de sympathie que vous m'avez donnée en organisant cette fête dans le but de reconnaître les efforts que j'ai faits pour préparer la réception à Versailles des officiers de l'escadre russe.

Du fond du cœur je vous remercie.

Je ne rappellerai pas les épreuves que nous avons subies, le résultat obtenu nous permet de les oublier ; mais, puisque vous m'en avez offert l'occasion, je veux établir la vérité et désigner ceux qui ont rendu possible le succès de la journée du 24 octobre 1893.

C'est vous d'abord, mes chers collègues, qui, en accordant à l'Administration municipale une adhésion sans réserve et en votant un crédit illimité, lui avez donné l'appui moral et matériel dont elle avait besoin.

C'est votre commission exécutive qui a prodigué son temps et ses soins pour préparer et régler, de concert avec nous, dans leurs détails et dans leur ensemble, les mesures qu'il était utile de prendre.

Ce sont les collaborateurs connus et inconnus qui, en improvisant en quelques heures la décoration et le pavoisement de nos rues, leur avaient donné un aspect vraiment féerique.

C'est la population tout entière, dont les manifestations vibrantes de patriotique enthousiasme ont imprimé à la réception de nos amis une physionomie, un caractère inoubliables.

C'est vous surtout, Monsieur le Préfet. Vous nous avez, avec une bonne grâce parfaite, aidé de vos conseils, prêté votre appui et facilité les délicates négociations auxquelles nous avons dû nous livrer. Je vous remercie au nom de tous nos concitoyens.

C'est aussi mon collègue Tissu, j'ai pour lui plus que de la reconnaissance. C'est avec une abnégation complète de ses convenances personnelles et un dévouement absolu qu'il m'a soutenu et aidé du commencement à la fin de la période critique que nous avons traversée.

C'est enfin, Messieurs, notre éminent concitoyen M. de Laboulaye, ancien ambassadeur de France en Russie. Il a mis sa haute influence au service de notre cause, un instant compromise, avec une amabilité et une simplicité charmantes. Sans lui, disons-le bien haut, les efforts, le zèle et le dévouement de tous auraient été vains. Qu'il reçoive l'expression de notre profonde gratitude.

Messieurs,

Je bois à votre santé, à tous ceux qui, de près ou de loin, grands et petits, humbles et puissants, adversaires ou amis, ont contribué à inscrire dans nos annales, à la page des grands jours de Versailles, le 24 octobre 1893.

Les paroles du Maire sont accueillies par de vifs applaudissements.

M. le Préfet se lève à son tour et s'exprime ainsi :

Messieurs,

Je suis profondément touché des sentiments que votre doyen, M. Bart, et M. le Maire de Versailles viennent de m'exprimer.

Je suis aussi un peu confus des remerciements si cordiaux qu'ils m'ont adressés au nom du Conseil municipal et de la ville de Versailles.

Mais ces remerciements sont une trop haute récompense pour mes efforts et mes démarches, peut-être les ai-je mérités pour avoir partagé de tout mon cœur les perplexités, je pourrais presque dire les angoisses, de cette grande ville de Versailles.

Elle voulait à juste titre avoir sa participation dans la manifestation patriotique que la France réservait à la Russie.

Le concours si précieux que nous a prêté M. de Laboulaye, ainsi que le rappelait si justement tout à l'heure M. le Maire de Versailles, et nos efforts communs ont valu à votre ville cette légitime satisfaction.

Elle lui était bien due, Messieurs, car Versailles mérite d'avoir sa place marquée dans toutes les manifestations véritablement nationales.

Votre ville vaut, non seulement par les splendeurs de son passé, mais aussi par son activité féconde et sa vitalité présente. Vous me trouverez toujours avec vous pour le dire bien haut, et pour travailler à la prospérité et à la grandeur de votre belle cité.

Messieurs, je lève mon verre au Conseil municipal et à la ville de Versailles !

Cette fête intime et cordiale a été le dernier écho de la grande manifestation du 24 octobre dont Versailles gardera longtemps le souvenir.

A côté de toutes ces manifestations des habitants

de Versailles, qu'il nous soit permis de transcrire
ici la petite anecdote touchante dont les héros sont
deux enfants, un jeune Russe et un jeune Français
de Versailles.

La voici telle qu'elle a été racontée par le *Journal
de Versailles* dans son numéro du 12 novembre 1893.

Un petit Français de 12 ans, le jeune Pascal G..., fils
d'un capitaine d'artillerie en garnison dans notre ville,
envoyait dernièrement au Gymnase de garçons de Riga,
gouvernement de Livonie (Russie), une carte postale
éditée par le journal *Le Petit Français illustré* pour servir
d'échange de sympathies entre les écoliers de notre
pays et ceux du grand Empire ami.

Cette carte portait les vers suivants en français et en
russe :

> Comme la colombe fidèle,
> Là-bas, par-delà flots et monts,
> Malgré rempart et citadelle,
> Vole vers ceux que nous aimons,

> Puisse cette feuille légère
> S'abattre enfin sous votre ciel,
> Et qu'elle soit la messagère
> De notre bonjour fraternel !

> Petits écoliers de Russie,
> Vers vous nos regards sont tournés,
> Et notre cœur vous associe
> Aux fêtes où sont vos aînés.

Salut, ô lointains camarades,
Puisque aujourd'hui les mêmes eaux
Avec les nôtres, dans nos rades,
Bercent vos triomphants vaisseaux.

Nous, enfants dociles au maître,
Travaillons, songeant à demain,
Et le jour approche peut-être
Où nous nous serrerons la main.

Quelques jours après cet envoi, le jeune Pascal G...
recevait la réponse suivante d'un petit Russe du Gymnase Alexandre II à Riga :

« Mon cher camarade et frère,

« J'ai reçu votre lettre de bonjour fraternel. Je serre
sincèrement la main que vous me tendez, mon cher camarade-frère. Je vous envoie ma photographie. Au cri
unanime de vos aînés et des vôtres : Vive la France ! et
vive la Russie ! j'unis aussi mon cri : Vive la France et
les Français ! Vivent les petits écoliers français ! et vive
mon cher camarade-frère Pascal G... à Versailles ! Hourra !
Hourra ! Hourra !

                              « Voldemar GOROPHOWSKY,
                « *Âgé de 13 ans, écolier de 4ᵉ classe du*
                  Gymnase Alexandre II à Riga. »

Vous jugez de la joie de notre petit concitoyen !
Immédiatement il reprit la plume et envoya en retour
son portrait avec la lettre suivante :

« Mon cher camarade-frère,

« Votre lettre et votre photographie m'ont fait le plus
grand plaisir. Je vous en remercie de tout cœur. Ayant
communiqué votre charmant envoi à mes amis de la pen-
sion, ils se joignent à moi pour vous exprimer toute leur
sympathie et notre affectueuse amitié pour vous, mon
cher camarade-frère, et pour les élèves du Gymnase de
l'empereur Alexandre II.

« Avec quel joyeux enthousiasme j'ai été acclamer
vos vaillants et aimables officiers venus à Paris et à Versailles ! C'est aux cris mille fois répétés de : Vive le Czar !
Vive la Russie ! que nous les avons reçus. J'y ajoute :
Vivent les petits écoliers russes ! et vive mon cher camarade-frère, Voldemar Gorophowsky, de Riga.

« Pascal G...

« P.-S. — Je vous félicite sincèrement d'écrire aussi
bien le français, et je regrette de ne pouvoir vous répondre dans votre langue, que j'ignore, mais que je me
promets d'apprendre. »

Nous avons vu la photographie des deux jeunes héros
de cette touchante aventure. Ce sont de jolis enfants, à
la mine déjà sérieuse et à l'air résolu, qui promettent
d'être un jour, pour la Russie et pour la France, de braves et vaillants soldats.

N'avions-nous pas raison de dire que cette anecdote
est touchante ?

N'avons-nous pas raison d'ajouter qu'elle termine bien et les fêtes en l'honneur des Russes et notre livre, pour lequel nous ne saurions trouver meilleure conclusion ?

CHAPITRE VI

LES ÉCRIVAINS VERSAILLAIS ET LES RUSSES

Les fêtes franco-russes ont inspiré à plusieurs de nos concitoyens des pages intéressantes.

Notre excellent confrère et ami d'Aigremont les a réunies en un numéro spécial de son journal, l'*Écho de Versailles*, aussi pensons-nous qu'il est de notre devoir de conserver dans notre volume ces récits historiques, patriotiques et anecdotiques qui honorent à la fois les hommes de talent et de cœur qui les ont écrits et le distingué rédacteur en chef de l'*Écho de Versailles*, M. d'Aigremont.

Un seul de ces articles n'est pas ici reproduit, c'est celui de M. Achille Taphanel; nos lecteurs se rappellent que nous l'avons publié dans notre premier chapitre: *Une page d'histoire.*

LES GRANDS DUCS DE RUSSIE A VERSAILLES
Sous Louis XVI.

—

Au printemps de 1782, la Cour et la Ville furent mises en émoi par l'arrivée à Paris du « comte » et de la « comtesse du Nord ». Sous ce nom bizarre, voyageaient le Grand-Duc de Russie, qui fut plus tard PAUL Iᵉʳ, et sa femme, née princesse de Wurtemberg, sur qui la baronne d'Oberkirch, son amie d'enfance, a laissé d'aimables souvenirs. La baronne était, à cette époque, auprès de la Grande-Duchesse Marie, et a vu toutes les fêtes alors données à Versailles.

Le 20 mai, Leurs Altesses Impériales firent leur entrée au Château. Pendant que le Grand-Duc était présenté au Roi, la comtesse de Vergennes, femme du Ministre des Affaires étrangères, conduisait la Grande-Duchesse chez la reine Marie-Antoinette. Celle-ci attendait dans sa chambre, avec toutes ses dames. Il y avait une grande curiosité pour la future Czarine. La plus jeune fille de Mᵐᵉ de Polignac avait obtenu de la Reine de se glisser, pour mieux voir, auprès du lit royal, derrière la balustrade dorée. La princesse parut un peu forte, mais agréable et sans prétention. Elle avait de très belles pierreries et grande parure. On disait que sa première visite à Paris avait été pour Mlle Bertin ; la marchande de modes de la Reine lui avait fait une toilette ravissante, un grand habit de brocart brodé de perles, sur un panier de six aunes.

Marie-Antoinette n'aimait pas beaucoup la famille impériale de Russie et savait que Catherine II lui était hostile, mais elle fut charmée bien vite par l'amabilité de la Grande-Duchesse ; au bout de quelques instants, elle la traitait comme une amie, l'interrogeait sur ses enfants, sur l'éducation qu'elle leur donnait, s'informait de ses goûts, de ce qu'on pourrait lui offrir pour lui plaire. Le Grand-Duc survenait ; on parlait du séjour qu'ils venaient de faire à Vienne auprès de l'Empereur, de leur voyage, de leur passage à Venise, où ils avaient été si fêtés. La glace était rompue et la Reine, au congé de ses hôtes, insistait pour avoir souvent leur visite à Versailles.

On avait mis à la disposition de Leurs Altesses un petit appartement au rez-de-chaussée, sur le parterre de l'Orangerie. Marie-Antoinette avait veillé elle-même aux détails de leur installation et suivi de tous points les instructions envoyées à ce sujet par son frère Joseph II. Il y avait dans la chambre de la Grande-Duchesse un clavecin et des fleurs en abondance ; chez le Grand-Duc, des plans de Versailles et des environs et un choix des gravures qu'il aimait à feuilleter. C'est là qu'ils se retirèrent après les présentations et reçurent quelques visites de la Cour. Ils dînèrent ensuite avec la Famille

royale, dans les cabinets de Louis XVI. Le Roi qui était
resté, comme toujours, un peu guindé pendant son entrevue du matin, se montra plus à l'aise ; la Reine con-
tinua son accueil affectueux et enchanta le Grand-Duc.

Après le dîner, on passa chez elle, et toute la Cour se
réunit au salon de la Paix pour un concert. On entendit
Legros, de l'Opéra, et Mme Mara, une Saxonne, la chan-
teuse de l'année. Dans la Galerie des Glaces étaient des
pliants pour les personnes présentées, qui n'avaient pas
eu d'invitation spéciale pour le concert et qui purent
l'entendre fort bien. Le Château fut illuminé comme les
jours de grand appartement : « Mille lustres, dit Madame
d'Oberkirch, descendaient du plafond et des girandoles
à quarante bougies surmontaient toutes les consoles.
L'orchestre était placé sur des gradins. Rien ne peut
donner une idée de cette splendeur et de cette richesse.
Les toilettes étaient miraculeuses. La Reine, belle comme
le jour, animait tout de son éclat. »

Nos illustres étrangers voulaient tout voir dans Paris :
les théâtres, les églises, la bibliothèque du Roi, le Par-
lement, les Invalides, l'Académie. Ils visitaient la galerie
de tableaux du duc de Chartres, la manufacture de Sèvres, la « Folie Boutin » et jusqu'à la petite maison de
Mlle Dervieux. Ils passaient une soirée au bal de l'Opéra,
avec Marie-Antoinette. Ils allaient déjeuner à Sceaux,
chez le duc de Penthièvre, entendre un concert à Baga-
telle, chez le comte d'Artois, chasser aux flambeaux à
Chantilly, chez le prince de Condé. Mais la Cour et la
Reine les ramenaient sans cesse à Versailles.

Mme d'Oberkirch y venait de son côté des journées
entières ; quand elle n'était pas retenue par son au-

guste amie, on la voyait sans cesse au Château, courant
d'un appartement à l'autre, invitée partout, dînant chez
une femme de ministre, allant voir « les bonneurs », ou
se faisant « écrire » chez une dame de charge. Cette
provinciale, séduite par tant d'accueil et un peu grisée de
la vie parisienne, nous laisse, en des croquis rapides et
bienveillants, l'image de la Cour, telle qu'elle apparais-
sait aux voyageurs qui n'avaient pas le temps d'en connaître les misères. De tels témoins ne voient guère que
le dehors des choses, mais quelquefois bien. Demandons
au nôtre, par exemple, le récit d'un de ces spectacles
offerts, dans la grande salle de Versailles, au comte et
à la comtesse du Nord.

La Reine a fait placer la baronne dans la petite loge
grillée du Roi, derrière la sienne, et lui a parlé plusieurs
fois ; nous pouvons être sûrs que tout, dans la soirée, lui
semblera parfait : « On donnait, dit-elle, le grand opéra
d'*Aline ou la Reine de Golconde*, tiré d'une nouvelle de
M. le chevalier de Boufflers, auquel, à ce qu'il paraît, il
est arrivé quelque chose dans ce genre-là. Les paroles
sont du sieur Sedaine, la musique de M. de Monsigny,
et l'arrangement des ballets, de M. de Laval, maître des
ballets du Roi. La musique est charmante et fut admirablement exécutée. Ce qui me charma le plus furent
les danses ; à quel point de perfection on a porté cet art
voluptueux ! Celles du premier acte sont de M. Gardel
l'aîné, celles du second, de M. Vestris, et enfin celles du
troisième, de M. Noverre. Les décors étaient d'une fraî-
cheur et d'une vérité inouïes, on aurait voulu être Aline
pour régner sur ce délicieux pays. »

Marie-Antoinette multiplie les attentions pour la Grande-

Duchesse. A Sèvres, on fait admirer à celle-ci une magnifique toilette de porcelaine bleu-lapis, montée en or, récent chef-d'œuvre de la manufacture royale ; des amours placés sur le miroir se jouent au pied des trois Grâces, qui le soutiennent. « C'est sans doute pour la Reine ! » s'écrie la Grande-Duchesse émerveillée. Elle s'approche, et sur toutes les pièces reconnaît ses armes : c'est un présent que lui fait Marie-Antoinette.

De même, le jour du premier spectacle à Versailles : « Il me semble, Madame, lui dit la Reine, que vous avez le même défaut que moi, la vue un peu basse ; j'y supplée par une lorgnette dans mon éventail ; voulez-vous essayer comment ira ce petit secours ? Elle lui présente un superbe éventail, enrichi de diamants ; la comtesse du Nord en fait usage et trouve la lorgnette excellente : « J'en suis ravie, dit Marie-Antoinette, et vous prie de la garder. — Je l'accepte, volontiers, répond la comtesse, puisqu'elle me servira à mieux voir Votre Majesté. »

Les deux princesses vont ensemble à Marly, où les eaux jouent pour elles toute la journée et où elles échangent quelques confidences. Quelques jours après, c'est au Petit-Trianon qu'on se réunit, mais dans une grande fête, pour laquelle les Parisiennes ont réservé les toilettes les plus brillantes de la saison. Dès six heures du matin, la femme de chambre de Mme d'Oberkirch l'éveille pour la coiffer et la mettre en grand habit : « J'essayai pour la première fois, dit-elle, une chose fort à la mode, mais assez gênante : des petites bouteilles plates et courbées dans la forme de la tête, contenant un peu d'eau, pour y tremper la queue des fleurs naturelles et les entretenir fraîches dans la coiffure. Cela ne réussissait pas toujours, mais lorsqu'on en venait à bout, c'était charmant. Le printemps sur la tête, au milieu de la neige poudrée, produisait un effet ~~ons pareil. » La Grande-Duchesse avait aussi une coiffu.. assez singulière, où un petit oiseau de pierreries se balançait par un ressort au moindre mouvement, au-dessus d'une rose. L'oiseau eut un grand succès et la Reine dit qu'elle en voulait un pareil.

La fête commença par un spectacle dans la salle nouvellement construite dans le jardin. La Reine guida ses hôtes par un corridor de toile, éclairé de réverbères, qui reliait le château au théâtre. Les gentilshommes russes et la Cour suivaient, en grande: toilettes. La baronne d'Oberkich, avec ses bouteilles d'eau dans les cheveux et ses fleurs fraîches, était fort entourée, en qualité d'amie de la Grande-Duchesse. On prit place dans la petite salle où furent distribués, suivant un gracieux usage, des livrets imprimés pour la soirée ; douze exemplaires étaient reliés en maroquin avec grande dentelle d'or, aux armes de la Reine et des grands-ducs. Il y eut, comme d'ordinaire, un spectacle coupé : un opéra-comique *Zémire et Azor*, de Marmontel et Grétry, par la Comédie-Italienne, puis *La jeune Française au sérail*, « ballet d'action du sieur Gardel aîné, maître des ballets de la Reine », avec décors nouveaux.

Au château, était un souper de trois cents invités. Le menu pourrait en être publié, mais il importe peu de savoir quelle quantité fut mangée de « hatreaux de lapereaux en hatelets » ou d' » ailes de campines à la d'Armagnac » ; l'énumération des tables fera mieux connaître l'importance du festin. La table de la Reine et les trois tables d'honneur étaient servies dans les quatre premières pièces. Aux rez-de-chaussée et dépendances étaient installées celles des *seigneurs russiens*, celle de l'intendant des Menus, où soupèrent les comédiens français et italiens, celle des musiciens des gardes, cent couverts pour l'Opéra et la musique du Roi, enfin une petite table « servie à quatre dames de la part de la Reine », et une autre à Mme de Polignac. Mangèrent encore les femmes de chambre, les femmes attachées aux dames de la suite de la Reine et de la Grande-Duchesse, les gardes, les officiers de bouche, les valets de pied, les gens des écuries et les porteurs de chaises, les lingères, les aides de cuisine, et « un nombre infini d'ouvriers dont il est impossible de fixer le nombre ». On a les comptes officiels : à la table de la Reine, il a été servi, en viandes seulement, quatre sortes de relevés, vingt-quatre entrées, huit plats de rôts différents ; et plus de douze cents personnes s'attablèrent, ce soir-là, en l'honneur de la Russie, dans le petit château de Marie-Antoinette.

La dernière soirée pour le comte et la comtesse du Nord fut un bal paré à Versailles, dans cette grande Galerie qui, depuis Louis XIV, avait reflété tant de fois en ses glaces innombrables le changeant tableau de la Cour de France. Les dames dansantes étaient en domino de satin blanc avec petit panier et petites queues. Les princesses entouraient la comtesse du Nord pour voir de près ses éblouissantes calcédoines, les plus belles qui fussent en Europe.

Marie-Antoinette dansa avec le Grand-Duc. Le prince eut, auprès du Roi, un de ces mots d'heureux à-propos dont il était prodigue et qui lui avaient déjà fait dans

Paris une réputation d'homme d'esprit. Comme la foule
curieuse se portait du côté où il se promenait avec le Roi,
celui-ci dit tout haut, d'un ton mécontent : « Il me semble
qu'on nous presse beaucoup. » Le comte du Nord recula
légèrement, avec tout le monde, puis aussitôt : « Pardon-
nez, Sire, je me comptais au nombre de vos sujets, et je
croyais comme eux ne pouvoir approcher trop de Votre
Majesté. » Louis XVI tendit la main, avec un bon sourire
à ce flatteur d'un nouveau genre.

Au sortir du bal officiel, Leurs Altesses allèrent souper
chez la princesse de Lamballe, au bout du Château. Il
n'y avait qu'un petit comité. Au lever de table, toute la
Famille royale joua au loto ; puis une dame se mit au
clavecin et la Reine dansa une contredanse. Ce petit bal
fut plus gai que l'autre, surtout quand le Roi, qui se cou-
chait tôt, se fut retiré. La Reine causa beaucoup et bril-
lamment, comme pour laisser à ses hôtes moscovites un
ineffaçable souvenir de ces dernières heures passées auprès d'elle. Ils partaient dès le lendemain pour Saint-
Pétersbourg. Ce départ mettait fin à une éphémère amitié, nouée sous les ombrages de Marly et de Trianon.

PIERRE DE NOLHAC.

RES, NON VERBA

L'admirable manifestation qui eut Toulon comme
point de départ n'a fait que s'accentuer et grandir,

9

d'étape en étape, depuis l'heure où les officiers de l'escadre russe ont mis le pied sur le sol français.

Versailles, à son tour, leur souhaite la bienvenue, et sa population tout entière acclamera demain nos hôtes avec une même âme et une même pensée, — celle de la Patrie.

Versailles sait apprécier l'honneur d'une visite si vivement désirée ; et cette ville, qui depuis deux siècles a vu passer tant de rois et tant de princes, tant de soldats illustres et de législateurs célèbres, n'éprouva jamais une émotion plus profonde que celle qu'elle ressent aujourd'hui en se voyant, à cette heure solennelle, auprès des délégués de la grande nation amie l'interprète de la France.

Versailles, en ce siècle, a connu de tristes jours... celui-ci n'en est pour lui que plus glorieux et plus cher. Il y avait bien des droits.

Le 28 juin 1891, Versailles ne fut-il pas quelque peu le précurseur de Cronstadt ? On y entendit les mêmes paroles d'alliance et d'amitié ; les mêmes drapeaux s'y montrèrent fraternellement unis ; la *Marseillaise* et l'Hymne national russe y retentirent, et — M. de Laboulaye qui nous avait transmis la souscription du Czar pour la statue de Houdon, et qui, ce jour-là, fut des nôtres, nous permettra ce souvenir, — on y vit le même ambassadeur.

La « patriotique espérance » dont nous parlions alors est devenue la réalité.

Telle est la récompense d'un peuple qui sait attendre et se recueillir, lorsqu'il a préparé la venue de jours meilleurs par sa prudence, sa fermeté et sa sagesse.

Res, non verba, « des faits et non des paroles ! » — cette belle devise du plus illustre des enfants de Versailles, de Hoche, qui fut un pacificateur et un guerrier, n'est-elle pas, en cette solennelle circonstance, la devise de la France elle-même ?

L'événement, le grand événement dont nous sommes les témoins et les acteurs, parle plus haut que tous les toasts et tous les discours : il est l'évidence.

Que nos concitoyens laissent donc un libre cours à leur cordialité et à leur allégresse !

Et s'il leur faut encore quelque motif de satisfaction d'un ordre supérieur, qu'ils se disent que le service rendu par l'entente franco-russe à la paix du monde est immense.

Si cette entente est aussi précieuse, c'est moins encore peut-être parce que, le cas échéant, elle nous vaudrait le concours de flottes et d'armées puissantes, que parce qu'elle empêche en Europe, — incomparable service rendu à l'humanité et à la civilisation, — une rupture d'équilibre qui risquerait d'entraîner une guerre universelle.

On a donc eu raison, et le mot a justement fait fortune, d'appeler l'escadre, dont les officiers sont partout salués avec une si vive sympathie, « une messagère de paix ». C'est là ce qui a rendu son arrivée si populaire et ce qui fait de la visite de ces officiers à Paris une fête nationale.

A cette heure, nous pouvons regarder l'avenir en face. Evitons de le précipiter et de le compromettre.

« C'est du Nord à présent que nous vient la lumière ! »

écrivait-on au siècle dernier, au temps de Catherine la
Grande.

C'est du Nord aujourd'hui, au terme de ce xixᵉ siècle,
si agité et si troublé, que nous vient la paix, cette lumière du monde, plus que toute autre indispensable à la
vie des hommes et des nations.

Que ses représentants, que ses ambassadeurs reçoi-
vent donc, dans cette cité illustrée par tant de souvenirs
et que son passé fit consacrer comme une sorte de
temple « à toutes les gloires de la France », l'accueil, plein d'enthousiasme et de gratitude, auquel ils
ont droit.

Alph. Bertrand.

LA RUSSIE ET L'UNION FRANCO-RUSSE

Tous ceux qui ont lu l'admirable roman de L. Tolstoï :
La Guerre et la Paix, se rappellent les pages consacrées
à la bataille de Borodino. Pierre Bésoukow, placé par
hasard devant la *Grande Redoute*, où se décida le sort de
la bataille, voit se consommer la défaite des Russes,
sans comprendre comment ni pourquoi ils sont vaincus,
et l'auteur, le poète, devrais-je dire, rattachant à ce fait
particulier toute la philosophie de l'univers, nous montre
les événements décisifs de l'histoire déterminés non par
la volonté de quelques individus, si grands qu'ils soient,
mais par les forces obscures de millions de volontés

anonymes. Si le noble écrivain, qui a contribué plus
que personne à révéler l'âme russe aux intelligences
françaises, détache en ce moment sa pensée des grands
problèmes religieux et humanitaires qui l'absorbent,
pour la reporter sur ce qui s'est passé à Toulon et à
Paris, il doit y trouver la confirmation de ses idées les
plus chères.

Le mouvement spontané, puissant, enthousiaste, irrésistible, qui a mis la main des Russes dans celle des
Français pour sceller un pacte d'amitié, n'a point été le
résultat des négociations des chancelleries ni des déli-
bérations des hommes d'Etat. Il est le résultat naturel
d'une évolution historique. La triple alliance, il est
vrai, suffisait à le rendre inévitable, mais des causes
lointaines le préparèrent. Depuis un siècle, plus d'un
projet d'alliance avait été formé entre la France et la
Russie, et, bien que des luttes sanglantes eussent suc-
cédé à ces projets, les Français et les Russes étaient sé-
parés matériellement par de trop grands espaces et
avaient entre eux trop d'affinités de nature pour se
haïr.

Dès le xviiie siècle, une grande-duchesse, la future
czarine Elisabeth, rêve d'épouser Louis XV, et elle garde
de ce rêve un attachement romanesque pour le roi de
France qui la pousse, en 1757, à s'allier à lui contre
Frédéric II. Les Russes se mettent à l'école des philosophes français, et ceux-ci, à leur tour, saluent en Catherine II « la lumière qui vient du Nord ». Si Catherine
s'unit aux monarques de l'Europe contre la Révolution
française, son fils Paul conçoit pour Bonaparte une admiration enthousiaste, et son petit-fils Alexandre Ier,

après avoir à son tour combattu Napoléon, forme le chi-
mérique projet de partager avec lui l'empire du monde.
On sait quel fut le cruel réveil de ce rêve audacieux.
Mais Alexandre savait que la France est nécessaire à
l'équilibre de l'Europe, et aux jours des catastrophes,
en 1814 et en 1815, c'est son intervention qui sauva
notre pays de la ruine et du démembrement. Le grand
ministre qui, par le traité du 20 novembre 1815, con-
serva à la France ses frontières presque intactes, et qui
ensuite assura l'évacuation du territoire, le duc de Ri-
chelieu, était l'ami d'Alexandre ; il avait été le gouverneur d'Odessa et l'artisan de sa prospérité. Quelques
années plus tard, les marines de la Russie et de la
France combattaient ensemble à Navarin, et, au moment
où tombait Charles X, une alliance allait être signée
entre la Russie et le gouvernement des Bourbons. Après
de longues années de méfiance et même d'hostilité,
pendant lesquelles cependant les Russes conservaient
leur amour pour la littérature et la civilisation françaises,
et les Français apprenaient à connaître, à comprendre
et à aimer la Russie dans ses grands écrivains et ses
grands artistes ; en 1875, un autre Alexandre, le libé-
rateur des serfs, l'empereur libéral qui projetait de
donner à son peuple sa première constitution, inter-
venait lui aussi pour sauver la France d'une agression
probable, et pour déclarer hautement qu'elle devait conserver sa place parmi les grandes puissances euro-
péennes.

A partir de ce jour, les Français et les Russes se sont
sentis entraînés les uns vers les autres par une impul-
sion qu'aucun calcul, aucun raisonnement n'auraient pu

arrêter. Les uns redoutaient les attaques de l'Allemagne ; les autres, soumis depuis longtemps à l'influence de cette même Allemagne, avaient soif de rejeter toute ingérence étrangère et de faire une Russie exclusivement russe. Les actes des gouvernements n'ont été que la résultante de cette poussée latente de l'instinct populaire. Nous n'avons pas besoin de rappeler l'histoire de ces dernières années. La réception faite aux marins français à Cronstadt et à Saint-Pétersbourg par l'empereur Alexandre III, par la marine, l'armée et la nation russes, est encore dans toutes les mémoires et dans tous les cœurs. Napoléon, dans un de ces rêves prophétiques où il se complaisait à Sainte-Hélène, a dit : « Dans cent ans, la France sera républicaine *ou* cosaque ». Il ne se trompait que d'une conjonction : la France est républicaine *et* elle se trouve étroitement unie à la Russie.

Que sortira-t-il de cette union de deux nations si différentes, si étrangères par certains côtés l'une à l'autre, soumises à des régimes politiques si opposés, qui n'ont presque aucun point de contact, presque point d'intérêts directement associés ? Pour l'avenir, nul ne peut le dire. Pour le présent, cette union assure à chacune d'elles sa sécurité et sa liberté intérieure et son caractère est nécessairement pacifique.

La Russie ne peut, en Europe, vouloir que la paix. Ce pays, qui, au xiv⁰ siècle, était la proie des hordes mongoles ; qui, au xvi⁰ siècle seulement, quand toutes les nations de l'Europe étaient déjà constituées, voit la monarchie czarienne sortir lentement de la principauté de Moscou ; qui ne fonde vraiment sa puissance qu'avec la dynastie des Romanov, établie par l'élection en 1612, mais qui est alors encore refoulée vers l'Est par la Suède, la Pologne et la Turquie, et n'a de jour que sur deux mers, la mer Blanche, toujours gelée, et la Caspienne, un lac fermé, prend tout à coup, avec Pierre le Grand, sa place dans la civilisation occidentale, et grandit en puissance avec une rapidité qui tient du prodige. En deux siècles, elle fait de la Baltique et de la mer Noire deux mers russes, de la Caspienne un lac russe, englobe la Pologne, pousse ses frontières jusqu'au Danube, franchit le Caucase, colonise la Sibérie et conquiert le Turkestan. Elle possède aujourd'hui un territoire de près de vingt-neuf millions de kilomètres carrés, près du cinquième de la terre habitable; elle compte 113 millions d'habitants, et sa population s'accroît en vingt ans de 38 millions d'âmes, autant que la population totale de la France. Son contingent militaire annuel est plus du double du nôtre. Avec des forces pareilles, la Russie ne peut avoir aucune tentation de s'agrandir encore du côté de l'Europe. Les États chrétiens qu'elle-même a créés sur le Danube forment une barrière du côté de l'Empire turc; au Nord, l'Allemagne lui oppose une digue redoutable, tandis que du côté de l'Asie, où elle a déjà construit le chemin de fer transcaspien, et où elle construit maintenant le transsibérien, un champ illimité s'ouvre à son activité civilisatrice.

Au lieu de courir les chances des combats, elle n'a qu'à laisser s'accumuler ses forces. Son industrie, qui était presque nulle il y a trente ans, compte aujourd'hui 100,000 usines; ses chemins de fer, qui en peu d'années

ont atteint 33,000 kilomètres, la mettront bientôt à
l'abri des famines, décupleront ses richesses agricoles,
lui permettront la mobilisation rapide de ses troupes.
Encore vingt ans de paix européenne et de tranquillité
intérieure et la Russie, par sa population, ses armées,
son industrie et ses richesses naturelles, pourra à elle
seule faire équilibre à l'Europe continentale tout entière et la tenir en échec. Que fera-t-elle de cette puissance formidable qui confond l'imagination et qui pourrait devenir redoutable à ceux mêmes qui auront as-
socié leur politique à la sienne ? Toute prophétie serait
ici téméraire. Nous pensons avec Tolstoï que les con-
séquences du développement gigantesque de la Russie
seront, comme l'union même de la Russie et de la
France, le résultat d'une force occulte des choses que
personne ne peut diriger ni même connaître, mais qui
travaille mystérieusement aux fins divines de l'univers.
Puisse-t-il sortir des événements actuels des fruits de
justice, de liberté et de paix pour le bien des deux nations amies et pour celui de l'Europe entière!

Gabriel Monod-Herzen.

LES ARTISTES FRANÇAIS
et la Russie.

On se demande parfois : Par quel motif les Français
et les Russes ressentent-ils les uns pour les autres une
sympathie qui s'est manifestée même aux jours où ils se

combattaient? La France et la Russie sont séparées par
la distance, par la race, par la langue, par la religion,
par les mœurs, par l'organisation politique, et malgré
toutes ces causes si visibles de désaccord, il y a toujours
eu entre ces deux extrêmes un entraînement réciproque.
Quelle est la cause secrète de ce paradoxe historique?

Parmi les explications qui peuvent en être données,
il en est une facile à découvrir : la Russie aime la France,
parce que la Russie sent vivre en elle une partie de
l'âme française qui lui a été transmise depuis deux
siècles par nos écrivains et nos artistes, initiateurs inces-
sants de la Russie à la civilisation occidentale. Jusqu'à
Pierre le Grand, la Russie était plutôt une nation *asiatique;* Pierre le Grand voulut que son pays fût *européen.*
La France était alors par la splendeur de ses lettres et
de ses arts la véritable souveraine intellectuelle de l'Europe et elle méritait déjà en même temps d'être appelée
du nom que ses plus constants ennemis lui accordent
encore aujourd'hui : elle était « le sourire du monde »,
elle était la nation qui sait, malgré tous ses travers et
ses défauts, exercer sur tous l'irrésistible prestige de la
gaîté cordiale, de l'élégance aimable, du bon sens spirituel. La Russie, mise à l'école de la civilisation européenne par son puissant maître Pierre le Grand, sentit
bientôt que, de tous les maîtres qui lui étaient donnés, aucun n'était plus sympathique que la France, et peu à peu
elle laissa l'âme française pénétrer jusqu'au fond de la
sienne, en buvant à longs traits tous ces philtres enchan-
teurs que lui versaient nos plus beaux génies, aidés par
une foule de collaborateurs moins illustres, mais non
moins utiles.

Et aujourd'hui, après deux cents ans de cette inocula-
tion morale, sans cesse renouvelée, le Français et le
Russe ayant reçu, sans en avoir conscience, des milliers
d'idées communes, sentent que dans leurs cerveaux bien
des fibres partagent les mêmes vibrations, que dans
leurs cœurs bien des battements obéissent aux mêmes
rythmes. Là est la cause indestructible de cet élan d'amitié instinctive qui pousse les deux nations l'une vers
l'autre ; peu importent les vicissitudes changeantes de
l'histoire ; il y a quelque chose de plus fort que les faits
passagers de la politique, c'est l'harmonie nécessaire
qui s'établit entre des âmes qui se sentent une parenté
intime.

On a bien souvent montré les origines de cette parenté
là où elles sont le plus sensibles, c'est-à-dire dans
l'influence exercée par nos écrivains depuis Voltaire et
Diderot, les amis et les correspondants de la grande
Catherine. Aujourd'hui nous voudrions rappeler quelques rapides souvenirs exclusivement artistiques. Ce sont
ceux-là qu'il convient le mieux de remettre en mémoire
dans une ville qui est devenue comme un panthéon
artistique de tout notre passé national, et surtout de
nos deux derniers grands siècles.

En quittant Versailles, Pierre le Grand, frappé de
toutes les magnificences qu'il avait trouvées réunies dans
un ensemble si majestueux, avait emporté une pensée
toute naturelle, c'était de créer une résidence semblable
à celle de Louis XIV. Il fallait que, dans la Russie nouvelle qu'il rêvait, il y eût un palais résumant, comme
celui de Louis XIV, les chefs-d'œuvre de tous les arts
du siècle, depuis l'architecture jusqu'à la ciselure et

l'orfèvrerie. Pour réaliser sa pensée, c'est un Français,
Le Blond, qu'il eut aussitôt l'idée de faire venir en
Russie. Il nomma notre compatriote son premier architecte. A Le Blond sont dus le château et les jardins de
Peterhof, heureuse imitation de Versailles et de ses jardins, où les bassins sont, exactement comme les nôtres,
ornés d'eaux jaillissantes et de groupes en métal doré.
Nos hôtes russes, en se promenant dans notre parc,
pourront presque se croire un instant rentrés dans leur
patrie. Pour mieux marquer le désir de rappeler la
France, une des maisons de plaisance qui décoraient
Peterhof s'appelait *Marly*. Plus tard, Elisabeth, faisant
construire à son tour la résidence de Tscarcocelo, appelait des Français pour en dessiner les jardins.

Si les résidences impériales de la Russie rappellent à
chaque instant le goût et l'influence de la France, il en
est de même pour les principaux édifices de la capitale.
Saint-Pétersbourg est rempli de constructions dues à des
Français. Là, c'est Saint-Isaac, l'immense église, édifiée
par Monferrand, ornée de peintures et de sculptures
par les artistes français Pluchart et Achille Boulley.
Les frontons principaux sont dus à Lemaire, le sculpteur
du fronton de la Madeleine. Non loin de là se dresse la
célèbre statue équestre de Pierre le Grand, œuvre magis-
trale de Falconet. Le grand théâtre de Saint-Pétersbourg
et la Bourse sont dus à Thomas de Thonon, né à Paris.

Ce ne sont pas seulement les édifices qui rappellent
des noms de notre pays, les institutions ont également
à leur origine reçu le baptème français. L'Académie des
Beaux-Arts de Saint-Pétersbourg, fondée par Elisabeth,
fut constituée par des professeurs appelés de Paris :

Lorrain et Cuvelier, peintres; Gillet, sculpteur; La Motte, architecte. Lorrain en fut le directeur, et il eut pour successeur François Lagrenée (1). Elisabeth et Catherine eurent pour premiers peintres Louis Maurice et Lagrenée. Catherine et Paul Ier eurent pour premier architecte Vallon de La Motte, qui construisit l'Académie des Beaux-Arts à Saint-Pétersbourg. On prolongerait indéfiniment cette énumération, où prendrait place une foule d'artistes français dont nous avons eu le tort d'oublier les noms, comme nous le faisons trop volontiers, mais qui n'en étaient pas moins des hommes de grand mérite. Il nous faut cependant rappeller encore Doyen, mort à Saint-Pétersbourg, logé dans un des palais de Catherine, qui avait pour lui la plus sincère affection. Il resta 16 ans en Russie, et, comme professeur de l'Académie, il y forma une quantité considérable d'élèves. La Russie a également conservé vivant le souvenir de Mme Vigée-Lebrun, cette Française aimable entre toutes, qui prolongea pendant six ans son séjour à Saint-Pétersbourg, faisant le portrait des principaux personnages de la Cour. Boïeldieu, cet autre représentant si gracieux de l'art musical français, fut aussi habitant de la Russie, de 1803 à 1811, et il y fit jouer pour la première fois une dizaine de ses opéras. De nos jours, le même accueil enthousiaste a été fait par les Russes aux œuvres d'artistes tels que Pradier, Isabey, Raffet, Delaroche et surtout Horace Vernet. Enfin, pour terminer cette liste très

(1) Pour tous ces faits, nous renvoyons à l'ouvrage si remarquable de notre vénéré concitoyen, M. Dussieux, sur *les Artistes Français à l'Etranger*.

sommaire par un nom qui, pour nous Versaillais, a un
intérêt tout particulier rappelons que le Musée et la
Bibliothèque de l'Ermitage s'enorgueillissent de posséder
des chefs-d'œuvre de Houdon : la Diane et le Voltaire.
Lorsque Versailles, en 1891, inaugura la statue du
célèbre statuaire, M. de Mohrenheim, ambassadeur du
Czar, écrivit au Comité : « Votre grand sculpteur, Jean
Houdon, *n'est presque pas un étranger pour la Russie* »,
et cette parole pourrait s'appliquer à bien d'autres
grands artistes ayant aussi travaillé à répandre en Russie les principes de goût qui dominent les beaux-arts en
France. C'est grâce à cette communication perpétuelle
établie entre les classes cultivées de la Russie et les plus
grands esprits de la France qu'il s'est formé entre les
deux peuples comme une fraternité intellectuelle; de là,
entre les individus des deux nations qui se rencontrent,
cette facilité, cette rapidité à établir des relations cor-
diales qui vont vite jusqu'à l'amitié la plus affectueuse.
— De nos jours, nous avons assisté à un développement
nouveau de cette intimité internationale, et, cette fois,
ce n'était plus la France qui importait son génie en Russie, c'était, au contraire, par un mouvement inverse, la
Russie, devenue à son tour grande nation littéraire,
qui envoyait chez nous les œuvres géniales de ses enfants.
On peut appliquer à Tolstoï et à ses émules le mot prononcé à propos de notre Houdon : Ce ne sont « presque
pas des étrangers » pour les Français. — C'est là le sentiment qui plane au-dessus de toutes ces fêtes données
à nos hôtes : nous avons peut-être, en ce moment, des
intérêts communs, mais nous avons surtout, depuis deux
siècles bientôt, des relations qui ont créé entre nous

une amitié et un attrait réciproque préférables à toutes
les alliances laborieusement combinées par les politiques.

                                        Emile DELEROT.

L'ARMÉE RUSSE EN 1772

Le dépôt des Archives départementales de Seine-et-
Oise, si riche en documents de toute nature, possède une
série de *Cartes militaires des troupes* des principales nations de l'Europe à la fin du siècle dernier.

Elles sont l'œuvre de deux officiers français, MM. Mul-
ler, capitaine-aide-major des housards de la légion de
Conflans, et Isnard, ancien officier de dragons du régiment d'Austrasie, qui firent hommage de leur travail à
*Monseigneur le Maréchal duc de Broglie, chevalier des
Ordres du Roi, prince du Saint-Empire, gouverneur général de Metz et du pays Messin.* Elles sortent des presses
de Joseph Antoine, imprimeur ordinaire du Roi à Metz.

Au nombre de ces cartes, devenues assurément très rares, figure celle des *Troupes Russiennes sur pied pour l'année*
1772, en plein règne de Catherine II, qui poursuivait,
avec une intelligence élevée et une volonté ferme, l'exécution des vues politiques de Pierre le Grand, dont elle
était ainsi la véritable héritière. Favorable aux idées
françaises et s'associant aux aspirations libérales, la
célèbre Czarine se dégagea peu à peu de l'alliance avec

la Prusse et l'Angleterre pour se rapprocher de la France. On ne tarda pas à s'apercevoir de ce changement — Frédéric II tout le premier — lorsque, en 1. 9, on la vit intervenir avec Louis XVI au traité de Teschen pour arrêter les projets belliqueux du roi de Prusse.

Le tableau des *Troupes Russiennes* permet de savoir exactement quelle était, il y a cent vingt ans, la composition de l'armée russe.

Si l'on estime, comme nous le pensons nous-même, que ce document offre, aussi bien pour l'historien que pour le collectionneur, le plus réel intérêt, n'est-il pas opportun — et agréable à la fois — de le rééditer le jour où les marins de la nation amie viennent visiter Versailles?

E. COÜARD.

LA RUSSIE EN FRANCE

« C'est du Nord aujourd'hui que nous vient la lumière », s'écriait Voltaire, à la fin du siècle dernier, en mettant ses hommages aux pieds de la grande Czarine, Catherine II. Diderot, l'abbé Galiani n'avaient pas une admiration moindre pour la Sémiramis du Nord qui était en correspondance ordinaire avec eux. Ces maîtres de notre littérature et de notre esprit public faisaient ainsi lentement germer dans le cœur des Français la curiosité, l'intérêt, puis la passion pour la Russie et pour les Russes. Cette sympathie finit par prendre le caractère d'un véritable enthousiasme qui trouva son écho dans notre théâtre comme dans notre vie publique et privée.

Pendant les dernières années de Louis XVI, on ne jura plus que par Catherine et la Moscovie; la Cour et la Ville étaient d'accord pour subir, puis provoquer cet entraînement, et l'on vit, ce que l'enthousiasme de nos heures présentes n'a pas réalisé encore, le théâtre mettre partout les Russes sur la scène et les habitudes sociales s'accommoder de russophilie.

Nous avons des témoignages bien sûrs et fort curieux de ce moment historique dans les lettres qu'écrivait à Catherine II son correspondant le plus attentif, le baron de Grimm, ministre de Saxe-Gotha à Paris, de 1776 à 1790. L'intensité de cet entraînement le frappe et l'étourdit au point qu'il croit y voir une névrose et lui donne le nom de « manie maladive pour Catherine ». Il était, en effet, entouré des preuves d'un véritable vertige d'affection, preuves qui ont été recueillies dans le beau livre sur Catherine II, de M. Waliszewski, à qui nous les empruntons.

Tout à Paris était à la russe. Une modiste faisait fortune sous l'enseigne du *Russe galant*, dans le même temps qu'un couturier, Fagot, s'enrichissait en confectionnant des blouses russes, taillées sur le modèle d'un croquis qu'envoyait la czarine dans une lettre à Grimm. Les cafés *du Nord* pullulaient dans les rues; les voyageurs se logeaient dans des *Hôtels de Russie*; le commerce prenait comme égide et raison sociale l'*Impératrice de Russie*.

La foule accourait aux théâtres pour entendre et acclamer des pièces russes : *les Scythes*, de Voltaire;

Menzikof, de la Harpe ; *Pierre le Grand*, de Dorat ; *Féodor et Lezinka*, de Desforges.

Si les joies du public étaient russes, russes aussi étaient les sympathies, les dévotions officielles. Les duchesses à tabouret de Versailles s'étaient fait des cœurs à la russe et n'avaient d'yeux que pour un beau Slave, le comte Serge Roumiantsof ; la reine Marie-Antoinette fait le plus chaleureux accueil à la grande duchesse Paul qu'elle recevait sous le nom de comtesse du Nord et pour qui Sèvres faisait des merveilles.

Ces dispositions générales étaient admirablement entretenues par l'habileté de l'ambassadeur de France auprès de Catherine, le comte de Ségur, fort bien en cour, et qui cultivait avec soin les inclinations de la czarine pour Louis XVI. Si bien qu'un projet de triple alliance était négocié par ses soins en 1787 entre la France, la Russie et l'Autriche, visant particulièrement l'Angleterre.

Les deux peuples semblaient s'être pénétrés d'une invincible et mystérieuse sympathie, au point que M. de Ségur rapportait à Louis XVI que, lorsque la nouvelle de la prise de la Bastille parvint à Saint-Pétersbourg, les Russes, nobles et peuple, s'embrassaient en pleurant dans les rues. Étrange phénomène historique, à peine concevable chez un peuple qui commençait seulement à prendre conscience de lui-même, et dont les latitudes lointaines étaient comme un mythe pour les Français eux-mêmes !

Mais la Révolution coupa court à toutes les sympathies de la czarine : l'avènement de la démocratie française était devenu une barrière infranchissable pour les traditions aristocratiques et monarchiques de l'empire des czars.

Le temps aujourd'hui a fait son œuvre. La France
n'a plus à lutter pour les idées qui ont invinciblement
germé partout, et Alexandre III, avec sa grande âme
d'émancipateur, peut, à cent ans de date, renouer maintenant, avec des maillons solides, la chaîne franco-russe,
de son illustre aïeule qui disait de nous à Grimm : « Les
« Français aiment l'honneur et la gloire ; ils feront tout
« pour aller dès qu'on leur montrera ce que l'honneur
« et la gloire de la patrie exigent ; chaque Français ne
« peut que convenir qu'il n'y en a pas dans cet état
« d'inexistence politique dans lequel les troubles inté-
« rieurs s'alimentent, croissent et s'accumulent à chaque
« pas. »

Quant à nous, qui devons à la droiture et à la noblesse
de cœur d'Alexandre III d'avoir aujourd'hui reconquis la
liberté de faire prévaloir dans la paix notre dignité et
notre indépendance nationales, nous pouvons avoir la
confiance qu'il suivra fermement les principes mêmes
que Catherine II développait en 1785 devant l'ambassadeur de France : « Je me suis fait des principes, un plan
« de gouvernement et de conduite dont je ne m'écarte
« jamais ; ma volonté, une fois émise, ne varie pas.
« Ici, tout est constant ; chaque jour ressemble à ceux
« qui l'ont précédé. Comme on sait sur quoi compter,
« personne ne s'inquiète. »

Saluons l'aurore des jours nouveaux qui renouent
pour la France et pour la Russie les traditions d'une
grande politique nationale !

Edgar Hepp.

LES AFFINITÉS FRANCO-RUSSES

> *Les peuples chez lesquels la parole*
> *est émancipée sont faits pour ser-*
> *vir d'organe à tous et plaider les*
> *uns pour les autres.*
>
> (E. QUINET.)

Quelques esprits superficiels, jugeant sur des idées toutes faites, des clichés et des apparences, s'étonnent de l'alliance tout au moins tacite conclue entre la France, république démocratique, et la Russie, monarchie absolue.

Il n'y a pourtant là rien qui ne s'explique aisément pour qui sait, ou simplement observe.

Outre l'intérêt qui est le fonds primordial de toutes les alliances politiques, il existe certainement, et de longue date, entre Francs et Slaves, de mystérieuses affinités qui, bien des fois, se sont affirmées déjà.

Malgré les longues guerres du Premier Empire et le rôle prépondérant qu'y joua Alexandre Ier, les Russes n'ont jamais été exécrés chez nous à l'égal des Prussiens et des Anglais. Ces jours derniers encore, nous entendions un officier supérieur de Crimée nous dire que, dans les tranchées, devant Sébastopol, les sympathies étaient singulièrement plus vives entre Russes et Français qu'entre Français et Anglais. Il nous racontait, presque les larmes aux yeux, ces larmes de regret qui perlent aux cils des vieux braves à l'évocation des jours

de gloire défunts, comment aux heures de suspension
d'armes on fraternisait avec l'*ennemi*, cet ennemi avec
lequel on ne savait trop pourquoi on se battait, tandis
qu'on parlait à peine et qu'on ne songeait qu'à faire
des niches aux *goddems*. Le maréchal Canrobert a, dans
une lettre récente, confirmé l'estime réciproque qui,
la guerre finie, demeura au cœur des deux armées.

La cause de cette attirance des uns vers les autres?
Elle serait sans doute bien difficile à nettement détermi-
ner. Similitude de tempérament sans doute, due à nous
ne savons quels étranges et lointains atavismes!

Michelet a écrit dans un de ses ouvrages : « L'homme
de Russie n'est point l'homme du Nord. Il n'en a ni l'é-
nergie farouche ni la gravité forte. Les Russes sont des
Méridionaux : on le voit au premier coup d'œil, à leur
allure leste et légère. »

Ces Méridionaux du Nord et les Latins que nous
sommes étaient faits pour se plaire, se séduire et s'entendre.

Du reste, on aurait tort de toujours considérer la
Russie comme une terre de barbarie, dernière forteresse
de l'autocratie et du despotisme. Les temps sont bien
changés, et il n'y a peut-être pas, à l'heure actuelle, de
pays plus prêt aux démocratiques évolutions.

Anatole Leroy-Beaulieu dans son *Histoire de Russie* a
dit : « C'est un pays à la fois neuf et vieux : une monarchie asiatique et une colonie européenne. C'est un Janus
à deux têtes, occidental par sa jeune face, oriental par
sa face vieillie. »

Cela n'est vrai qu'à moitié. Le Gouvernement lui-
même s'est considérablement rapproché des idées mo-

dernes. D'ailleurs, chose trop communément ignorée,
même à dater de Pierre le Grand, l'autocratie du Czar
n'a pas été un principe absolu. Combien de Français,
épris de liberté et de régime constitutionnel, se doutent-
ils que Pierre rédigeait des rapports au Sénat, quoique
ce corps eût été fondé par lui? Qui connaît la charte
octroyée en 1730 — soixante ans avant la Révolution —
par l'impératrice Anne? Enfin, qui se souvient qu'Alexandre I⁰ʳ, le même qui disait à Mᵐᵉ de Staël n'être « qu'un
accident heureux », essaya de fonder avec ses amis un
Comité de salut public pour « étudier les moyens de
mettre un frein au despotisme de son Gouvernement »?

En voilà plus qu'il n'en faut pour montrer que l'autocratie des Czars est depuis pas mal de temps déjà large-
ment tempérée.

Une organisation électorale, encore mal connue chez
nous, fonctionne régulièrement en Russie et les députés
des Glasnye, — du mot slavon *glas*, voix — appartiennent
à toutes les classes de la société, nobles, bourgeois, mar-
chands et paysans.

Enfin le grand acte de 1861, l'émancipation des serfs,
émanée de l'initiative impériale, et qui témoigne de la
hauteur de vue d'Alexandre II, a commencé pour la
grande nation du Nord une ère nouvelle. On sait ce que
fut cette prodigieuse révolution à la fois sociale et agraire
qui de millions d'esclaves fit en même temps des hommes
libres et des possesseurs du sol. Tous les résultats n'en
sont peut-être pas encore acquis après trente ans. Mais
qu'est-ce que trente ans dans la vie d'un peuple?

L'important, c'est que la servitude ait disparu de

l'Empire russe. Ce que n'ont jamais fait, au moins complètement et sincèrement, les patriotes Polonais, les czars
moscovites l'ont conçu et réalisé. Alexandre II s'est
montré en démocratie pratique supérieur à Kosciusko,
comme le fait très justement remarquer, dans son admirable encyclopédie géographique, Elisée Reclus, dont
les plus avancés de nos socialistes français ne révoque-
ront pas en doute le témoignage.

Et c'est peut-être justement là, soit dit en passant, ce
qui explique et justifie l'anéantissement de la Pologne,
que ses plus grands citoyens à la jalousie de l'indépendance ne surent jamais allier la conscience de la liberté
ni le souci de la dignité humaine.

Un jour viendra, qui n'est peut-être pas éloigné, où
des peuples de réputation beaucoup plus civilisée que la
Russie devront s'inspirer de ce qu'elle a fait pour ses
paysans en 1861. L'Angleterre, par exemple, à l'égard
des Irlandais. D'autres encore. Mais ces considérations,
quelque tentantes qu'elles soient, nous entraîneraient
trop loin.

Qu'il nous suffise d'avoir signalé la tendance démocratique — cela semble un paradoxe et pourtant cela est
ainsi — du gouvernement russe depuis de longues années
déjà.

Quant à la nation elle-même, elle compte au nombre
de celles dont l'intelligence est la plus ouverte et qui
marchera du pas le plus délibéré dans la voie des idées
nouvelles. L'instruction a fait en Russie des progrès
énormes. La soif de savoir a envahi toutes les classes de
la société. Les femmes même, malgré les conditions in-
férieures où les mœurs les retiennent encore, sont peut-

être celles de toute la vieille Europe qui ont su le plus crânement s'affranchir des anciens préjugés. C'est de Russie que sont venues dans nos facultés les premières étudiantes en médecine et en droit. Les universités de Genève, de Zurich sont peuplées de jeunes Slaves.

C'est en Russie que les mœurs d'une parfaite égalité entre compagnons de travail ont le plus complètement prévalu; c'est dans les communes russes que le droit égal de tous les associés à la terre est le mieux reconnu; c'est dans la société russe enfin — où se retrouvent pourtant les plus anciennes formes du pouvoir absolu — que les novateurs se lancent avec le plus d'audace dans les théories de reconstitution sociale et politique.

L'utopie d'aujourd'hui, c'est la vérité de demain. Les Russes, qui ont accompli sans verser une goutte de sang la plus grande évolution qui se soit vue depuis 1789, peuvent et doivent être d'un grand exemple pour nous. Nulle nation n'est actuellement en plus complet travail d'émancipation. C'est encore là un point de contact entre nos nouveaux alliés et nous.

Voilà sommairement résumées toutes les raisons pour lesquelles l'Alliance Franco-Russe est logique et pourquoi le penseur, le philosophe et l'historien pouvaient la prévoir et la prédire — même avant les inoubliables journées de Cronstadt et de Toulon.

GEORGES MAZINGHIEN.

SOLDATS RUSSES ET SOLDATS FRANÇAIS

L'Empereur de Russie a des soldats superbes. Quels hommes! Ce sont les mieux disciplinés, les plus endurants, les plus « militaires dans l'âme » qu'il soit possible d'imaginer. Gai, insouciant, aimant la guerre pour la guerre, le soldat russe en est encore à l'âge héroïque ou, du moins, au moyen âge. On dirait d'un croisé du treizième siècle. On parle assez souvent de la *furia francese*; l'éclatante bravoure de nos amis n'a rien à envier à la nôtre. Il faut les voir, il faut vivre avec eux pour se faire une idée de leur admirable courage. Leur qualité maîtresse et caractéristique, c'est une opiniâtreté, une persévérance, une ténacité sans égales.

Souvarov savait bien à quoi s'en tenir à cet égard. Au cours de la bataille de Novi, où les partis en présence se disputèrent si chaudement le succès, un moment vint où le centre de l'armée russe dut plier sous le coup d'une furieuse attaque des troupes françaises... et l'on vit ses rangs flotter en désordre. Témoin de cet échec, un officier d'état-major prend le galop, court à Souvarov et, tout ému :

— Je viens vous annoncer, dit-il, que les Russes sont battus!...

— Les Russes sont battus ?... répond tranquillement le feld-maréchal. Ils sont donc tous morts ?...

— Non certainement, mais...

— Alors ils ne sont donc pas battus !...

Effectivement, ils ne l'étaient pas.

Le vieux guerrier (il avait alors soixante-dix ans) fit avancer quelques réserves, renforça les points affaiblis de son centre, rétablit le combat, et finalement viola — comme il disait — cette Victoire qui faisait mine de ne point vouloir se donner à lui.

Les attaques des combattants russes sont toujours vigoureuses et même brillantes. Et quelle solidité, quelle intrépidité dans leurs opérations de défense ! Nous en savons quelque chose, nous qui nous sommes loyalement mesurés avec eux. Leurs actions d'éclat sont, avec les nôtres, glorifiées par les Arts dans les galeries du musée de Versailles consacrées aux événements de la guerre de Crimée. Ici la bataille de l'Alma, de Pils ; là, celle de Traktir, de Jumel. L'hiver de 1854-1855 est des plus rudes... et la toile de Rigo nous rappelle que le moral de nos troupes ne se soutient que grâce à l'énergie et aux soins de notre maréchal Canrobert.

Malgré le vent, malgré la neige, le siège de Sébastopol se poursuit avec une constance au-dessus de tout éloge. Russes et Français font assaut d'héroïsme.

Or — chose inouïe !... — au cours de cette lutte acharnée, assiégés et assiégeants rivalisent de courtoisie. Ils s'estiment, se respectent, se traitent mutuellement en frères d'armes, témoin la scène qui se passe régulièrement lors de chaque armistice pour l'enterrement des morts et dont voici le type :

Deux officiers se rencontrent auprès d'un tas de cadavres auxquels ils vont rendre les derniers devoirs.

Que se disent-ils?

— Quelle triste besogne nous faisons là!... çà chauffait dur cette nuit, n'est-il pas vrai, monsieur?

— Oh! monsieur, c'est affreux!... Mais quels gaillards que vos hommes!... on a plaisir à se battre avec des gens comme ça!

— Mais, monsieur, je crois que les vôtres « ne se mouchent pas non plus du pied » *(sic)*.

L'hiver une fois passé, l'on voit s'ouvrir la période des actions de vigueur. Dans cette salle du musée, l'attaque du « Mamelon-vert » de Protais; dans cette autre salle, celle des « Ouvrages blancs », de Fontaine. Bientôt sonne l'heure du dénoûment fatal. Voici les grands tableaux d'Yvon : la *Prise de la Tour Malakoff*; la *Courtine* et la *Gorge de Malakoff*. Sous la terre du cimetière de Sébastopol dorment aujourd'hui, côte à côte, la plupart de ces braves gens qui,

. . . .

> Ennemis d'un jour, eurent même sort :
> Unis par le sang, amis dans la mort.

Cette inscription funéraire est, dit-on, du grand-duc Michel Nicolaïevitch, oncle de S. M. l'Empereur Alexandre III.

Durant les derniers jours de ce siège mémorable, les Russes n'ont pas perdu moins de dix-huit mille hommes, du seul fait de la violence d'un bombardement continu.

Ainsi cruellement bombardés, les assiégés ne concevaient nulle idée d'une capitulation possible.

— Enfants, nous périrons, leur disait Kornilov, mais nous ne rendrons pas Sébastopol, n'est-ce pas?

Et, simplement, les hommes répondaient :

— Nous périrons.. hourrah!...

.   .   .   .

Quinze ans plus tard, notre maréchal Canrobert, parcourant les rangs des défenseurs de Saint-Privat, disait à chacun de ceux qu'il rencontrait sur son passage :

— Eh bien! mon brave, nous ne lâcherons pas... hein ?...

Et notre troupier, d'un ton résolu :

— Oh! non, monsieur le maréchal, il n'y a pas de danger !...

On a dit bien des fois que les Russes sont des « Français du Nord ». Disons que les Français sont des « Russes d'Occident ».

Lieutenant-Colonel Hennebert,

Chevalier de l'Ordre
de Sainte-Anne de Russie.

DE LA MUSIQUE RUSSE

Depuis que notre goût pour la musique sévère a remplacé les folies italiennes, on ne veut plus, en France, dans les grands milieux, que la musique estampillée du cachet de la nouveauté et de l'originalité appuyées sur le savoir. On a horreur de toute musique banale. On impose que la musique traduise quelque chose, qu'elle parle au cœur, qu'elle témoigne la vérité de la situation qu'elle expose ; c'est si l'on veut la coloration, la ligne pure et le sentiment qui forment la base de notre goût esthétique. Voilà, du moins, ce qu'on désire maintenant en France.

La Russie possède depuis un demi-siècle une musique qui lui est propre, et bien avant nous, ses musiciens l'avaient dotée d'œuvres d'une couleur inconnue parmi nous, entraînés que nous étions, plus par la surface que le fond. Il est vrai que la Russie, n'ayant pas une histoire de la musique, elle ne pouvait avoir les préjugés que les siècles nous avaient légués, et jeune, elle put se nourrir immédiatement des grandes inspirations artistiques.

Ce n'est pas qu'elle n'ait eu aussi à subir l'influence italienne ; mais ce ne fut qu'une durée relativement courte, et Glinka, après Werstowski, refléta le sentiment national en dramatisant la chanson populaire. La musique russe était créée.

Il est donc heureux de constater, par ce temps de
chaudes sympathies, que les cœurs qui, dans ces deux
pays, rêvent le grand et le beau, battent à l'unisson sous
la protection du grand art et que, — en unifiant toutes ses
branches, — l'on voit s'unir les plumes des Tolstoï et des
Victor Hugo, les pinceaux des Jacoby et des Puvis de
Chavannes, les burins des Siémiradski et des Rodin.

Glinka, avec l'opéra *La Vie pour le Tzar*, se fit une
réputation universelle. Malgré ce succès énorme, son
nom est moins prononcé ici que ceux de Rubinstein, de
Tschaïkowsky et de César Cui. D'autres génies russes
doivent être accolés à ces noms, car on ne peut passer
sous silence Rimsky-Korsakoff et Borodine, auteurs
d'œuvres captivantes.

L'œuvre de Rubinstein est immense. Peu d'artistes ont
autant produit que lui. Le cerveau de ce maître doit être
une vaste fournaise, tellement il a donné de composi-
tions de toutes sortes : opéras, symphonies, morceaux
de piano, romances, etc. C'est le fondateur du Conservatoire de Saint-Pétersbourg.

Tschaïkowsky, élève de Rubinstein, a produit aussi
énormément et toujours avec distinction. Ce sont des
ballets, des opéras, des symphonies, enfin tout ce qui
constitue le bagage d'un maître.

César Cui sera entendu prochainement à l'Opéra-Comique, et Rimsky-Korsakoff, ainsi que Borodine, viennent d'être applaudis au concert Colonne avec des frag-
ments d'œuvres importantes. Ces artistes sont très esti-
més en Russie et bien appréciés parmi nous. La ro-
mance, — le lied, — est très connue en France. Qui ne
connaît : le *Rêve du Prisonnier*, de Rubinstein, et *Ah !*

qui brûla d'amour, ainsi que la *Sérénade de don Juan*, de Tschaïkowsky? Ces mélodies sont bien empreintes du cachet russe. Il y a toujours un grand sentiment de poésie planant au-dessus de tout.

Si, dans la composition, la Russie a donné des œuvres admirables, il ne faut pas laisser passer le talent d'exécution de ses artistes.

Rubinstein a une réputation universelle de pianiste consommé. Si, comme on nous l'accorde, nous sommes difficiles à satisfaire, chaque fois que ce maître s'est mis au piano dans nos salles de concert, chaque fois il a conquis le suffrage de chacun et même des plus rigoureux. Il fait autorité et un simple fait le prouvera. Lorsque, il y a quelques années, il vint donner ses fameux concerts classiques, jouant un jour Beethoven, un autre Schumann, continuant ainsi la série avec Mendelssohn et Chopin, il clôtura ces séances par un grand concert réunissant tous les noms. La Marche funèbre de Chopin était au programme.

Il bouleversa entièrement nos idées reposant sur la tradition, en détruisant l'interprétation que nous avons l'habitude de lui donner.

Il fit un immense *crescendo* jusqu'au milieu et de cette partie chantante il commença le *diminuendo* jusqu'à la fin, voulant sans doute imiter le passage d'un convoi funèbre. Il y eut un moment de stupeur... et les bravos partirent plus nourris que pour les autres morceaux.

Un autre pianiste connu chez nous est Ziloti, ancien professeur au Conservatoire de Moscou. Il a arrangé pour piano, à deux et à quatre mains, beaucoup d'œu-

vres symphoniques de ses compatriotes. Tous les arran-
gements témoignent en faveur de son talent.

Si nous aimons leurs musiciens, si leurs œuvres sont
appréciées en France, nous devons dire que nos artistes
sont très goûtés en Russie et que leurs opéras et œuvres
symphoniques sont toujours applaudis. Nous pouvons
donc nous réjouir de trouver des points de concordance,
des affinités dans nos goûts artistiques, en insistant bien
que, de part et d'autre, on ne travaille toujours que pour
la perfection de l'art.

Paul Descuamps.

MEMBRES DU CONSEIL MUNICIPAL

Le 24 Octobre 1893

MM. LEFEBVRE (Edouard), Maire.
LENOIR, 1er Adjoint.
GUÉTONNY, 2e Adjoint.
TISSU, 3e Adjoint.

CONSEILLERS MUNICIPAUX

MM.

Bart (Victor), doyen d'âge.
Bertrand (Alphonse).
Boulé.
Caviale.
Christen.
Cossonnet.
Duboscq.
Dupay.
Gorgeron.
Gourdin.
Larcher.
Lefebvre (Eugène).
Leroy.

MM.

Louvard.
Marin.
Mazinghien.
Ménager.
Quéro.
Rabot.
Rigollet.
Rogues.
Sarton.
Simon.
Simonnot.
Thénard.
Truffaut.
Turquet.

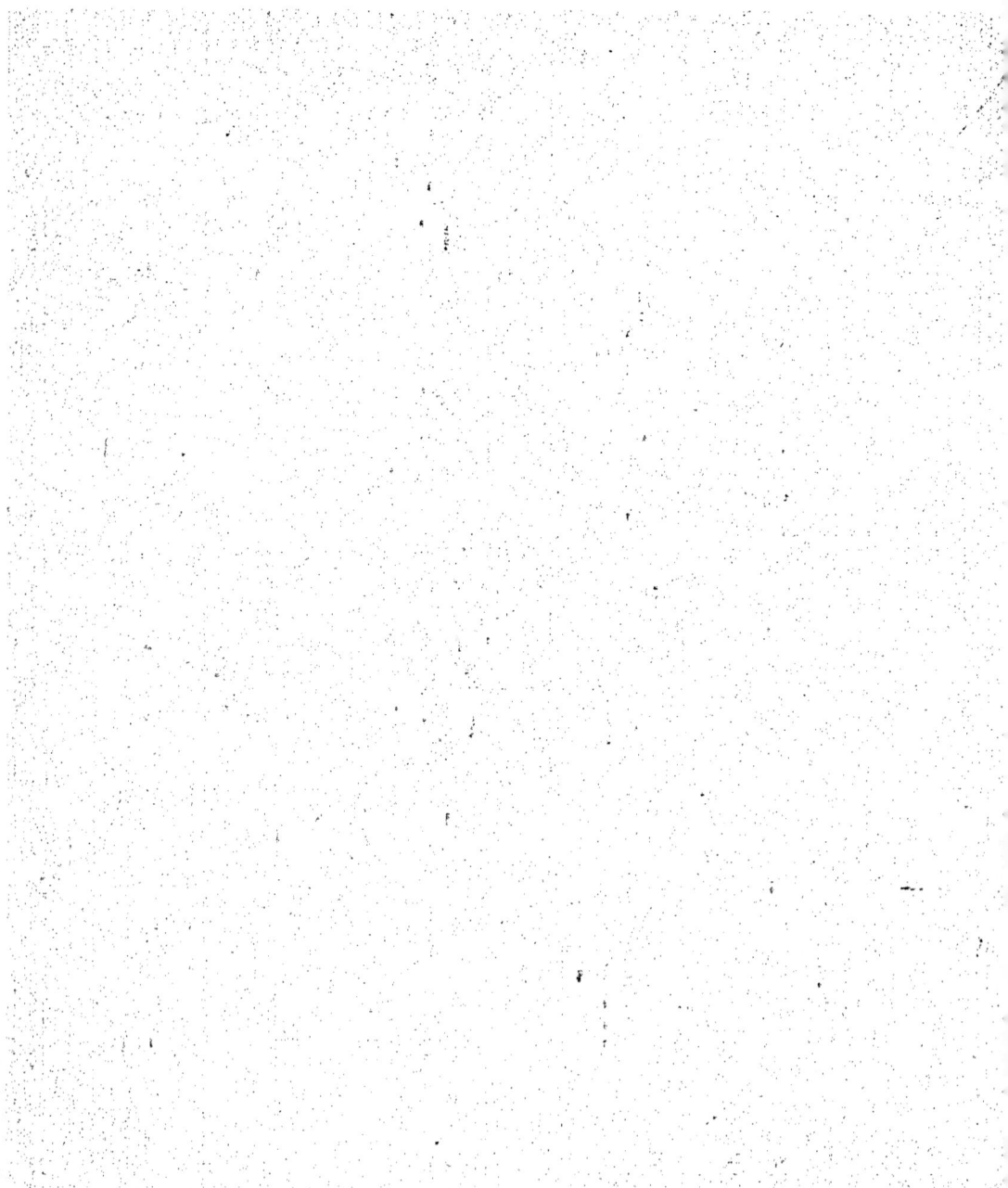

TABLE DES CHAPITRES

~~~~~~~~

Achevé d'imprimer
Pour la Ville de Versailles
Sur les Presses de la Maison Aubert
Le 25 Juin 1894

www.ingramcontent.com/pod-product-compliance
Lightning Source LLC
Chambersburg PA
CBHW072041090426
42733CB00032B/2055